悲劇を越えて

歴史についてのキリスト教的解釈をめぐるエッセイ

R.ニーバー

髙橋義文・柳田洋夫［訳］

教文館

献　呈

シャーウッド・エディ[1]と
ウィリアム・スカーレット[2]に

「恵みの賜物にはいろいろありますが、それをお与えになるのは同じ霊です。務めにはいろいろありますが、仕えるのは同じ主です」。

〔一コリ一二・四〕

（1）　Sherwood Eddy（1871-1963）．ＹＭＣＡ伝道者。ニーバーを社会福音運動へと導き、その後のニーバーの社会活動の協力者となった。

（2）　William Scarlet（1883-1973）．アメリカ聖公会の主教（最後はミズーリ管区主教）。社会活動に積極的で、生涯にわたってニーバーの親しい友人であった。

序文

本書は、一つの主題をさまざまな面から詳しく述べた説教的なエッセイを集めたものである。その主題は、時間と永遠、神と世界、自然と恩寵の関係をめぐるキリスト教の弁証法的な概念である。生についての聖書的な見方が弁証法的であるのは、それが、一方において、歴史の意味と自然的な人間存在の意味とを認めるからであり、他方において、歴史の中心と源泉と成就が歴史を超えていると主張するからである。これが本書の命題である。

それゆえ、キリスト教は、自然主義的哲学に対し、「然り」と「否」とを同時に表明しなければならない。キリスト教は、自然主義哲学が、歴史的存在には意味があると主張する限りにおいて、それを支持する。キリスト教は、自然主義哲学が、時間的過程がそれ自体を説明し成就すると確信する限り、それを拒否する。キリスト教は同様に、神秘主義や合理的な二元論的哲学において時間と永遠とが区別されることは支持するが、歴史的過程の重要性を否定することは拒否する。聖書の見方によれば、歴史のどの瞬間も、永遠の下に、また永遠の中にあるが、永遠を無にすることもなければ、永遠を成就することもない。

キリスト教正統主義は、この聖書の見方を、自然と超自然という二つの分離した存在領域を含む一種の超自然主義に変えた。その限りにおいて、それは、いっそう神話的で弁証法的な聖書の思想の化石のようなものになっている。この変化を、ギリシア的合理主義がそれよりも神話的でヘブライ的な聖書の思想に影響を与えた結果と見なしても不当ではないであろう。神話的でヘブライ的な聖書の思想では、時間における永遠の深みは、宗教的な洞察の深遠さゆえに合理的一貫性を断念する表現で受け止められている。それゆえ、神話が、聖書の世界観に対して必然的かつ永続的に有効に寄与しているということは、本書の副次的な主題である。この主題は、とりわけ、「欺いているようでいて、真実であり」と題された最初のエッセイで取り上げられているが、他のいくつかのエッセイでも付随的に触れられている。

しかしながら《意味を有する歴史》という概念は、それ自体でその意味の実際の中身を説明しているわけではない。キリスト教的歴史観は、悲劇の感覚を経て、「悲劇を越える」希望と確信とに至るということこそが、本書のエッセイの主題である。キリスト教的世界観の中心に立つ十字架は、人間の罪の深刻さと、それを克服する神の決意と力とを示している。十字架は、道徳と宗教の最高の成果（ローマ法とユダヤ教におけるような）において神の意志を踏みにじる人間と、悪が最も露骨に現れたその瞬間にその悪を自らその身に引き受けられる神とを、共に浮き彫りにしている。キリスト教の歴史観は、それが、悪を、最高の精神的活動にさえ必然的につきまとうものと認める限りにおいて悲劇的である。他方、キリスト教の歴史観は、悪を、存在それ自体における本来的なものではなく、最終的に善なる神の支配のもとにあるものと見なす限りにおいて、悲劇を越えている。

このエッセイの題材の大部分は、元来諸大学の礼拝堂でなされた説教で用いられたものである。それらの説教は語られた時には書かれていなかった[1]ため、その後文字に起こすに当たってその形態は説教からエッセイへと多少変更された。また、内容も全体の統一を保つために若干変えられている。

ラインホールド・ニーバー

本書は、もともと第二次世界大戦の前に出版されたため、現代史の急速な変化によって時代遅れになってしまった事項を多く含んでいる。しかし、その意味するところは明白であり、例示されている諸項目の本質がその影響を被っていることはない。

R・N[2]

(1) ニーバーは通常、簡単なメモ書き程度のものを用いて説教していた。
(2) 一九六五年、ペーパーバック版出版時の著者による付加。

凡例

一、聖書および旧約聖書外典は、『聖書　聖書協会共同訳　旧約聖書続編付き』（日本聖書協会、二〇一八年）を使用した。聖書書名の略語もこれにならった。

二、注は、［原注］と標示したニーバーによるもの以外は訳者によるものである。

三、本文中で、（　）内はニーバー自身のものであり、〔　〕内は訳者による付加である。また、《　》も、訳文のわかりやすさのために訳者が適宜付したものである。

四、本文また注におけるニーバーの出典標示において、不正確と思われる部分については、訳者の判断で必要に応じて修正・補足を施した。

五、ニーバーによる引用および参照文献に邦訳がある場合、原則として既存の訳を使用した。ただし、原文における引用の仕方や文脈に応じて既存の訳を修正した場合がある。その際は「参照」と付記する。

六、同じ原語でも文脈に応じて訳し分けている場合があるため、訳語がすべて統一されているとは限らない。

七、各章冒頭の聖書章句の段落分けは、原文における引用に施されたものに従った。

目次

1　欺いているようでいて、真実であり

あらゆる場合に自分を神に仕える者として推薦しているのです。大いなる忍耐をもって、苦難、困窮、行き詰まりにあっても、鞭打ち、投獄、騒乱、労苦、不眠、空腹にあっても、純潔、知識、寛容、親切、聖霊、偽りのない愛によって、真理の言葉、神の力によってそうしています。また、左右の手に持った義の武器によって、栄誉を受けるときも、侮辱を受けるときも、不評を買うときも、好評を博するときにも、そうしているのです。私たちは人を欺いているようでいて、真実であり、人に知られていないようでいて、よく知られ、死にかけているようでいて、こうして生きており、懲らしめを受けているようでいて、殺されず、悲しんでいるようでいて、常に喜び、貧しいようでいて、多くの人を富ませ、何も持たないようでいて、すべてのものを所有しています。

コリントの信徒への手紙二第六章四―一〇節

キリスト教的な奉仕の性格と変遷と信仰を説明する際にパウロが用いているさまざまな逆説の中で、「欺いているようでいて、真実であり」という表現はとりわけ興味深い。この表現は、「不評を買うときも、好評を博するときも」という句からすぐ続くものであるが、それはおそらく、欺きと不誠実を告発するものとして流布されていた、パウロをめぐる不評の内容を示しているのであろう。この告発は、パウロの「……ようでいて、真実であり」という表現によって否定されている。しかし、この告発が否定される前に〔「ようでいて」と〕一旦許容されているのはなぜか、という疑問が湧いてくる。そのようにされているのは、逆説的な言明を保つべく、超えてはならない一線を保持するためにすぎないのかもしれない。そうだとしたら、単なる修辞的な表現様式の規則が非常に深遠な言明を促したことになる。というのは、キリスト教という宗教における真理は、ある程度の暫定的で表面的な欺瞞を含む象徴において初めて表現可能になるからである。それゆえ、どのキリスト教信仰弁証家も、このパウロ的表現を自らのものとしていると言えよう。われわれは確かに、欺瞞によって真理を語る。われわれは欺く者であるが、それにもかかわらず真実なのである。

欺瞞の必然性は、キリスト教世界観の主要な特徴の一つである。キリスト教は、自然的で時間的で歴史的な世界が自己由来の自明なものであるとは信じない。キリスト教が信じるのは、存在の根拠と成就とが、存在の外部、すなわち永遠の神の意志の中にあるということである。しかし、キリスト教は、多くの二元論的な形態のように、時間的な世界とは分離され区別された永遠の世界があるとは主張しない。時間的なものと永遠的なものとの関係は弁証法的である。永遠的なものは時間的なものにおいて示され表現されるが、そこで無にされるのではない。神は、有限な出来事や関係の総体ではない。神は、それらの根拠であり、それらは神の意志の創造物である。しかし他方において、有限な世界は単に、理想や永遠から頽落した派生物ではない。それゆえ、時間と永遠との関係を単純な合理的言葉で言い表すことはできない。それを言い表すことができるのは象徴的な言葉のみである。その関係を合理的に、あるいは論理的に言い表すことは、常に汎神論か二元論に行き着く。汎神論においては、神と世界とは同一視され、その総体における時間的なものは永遠的なものと同等と見なされる。二元論、すなわち、実質を伴わない永遠的で精神的な世界と、意味や意義を伴わない時間的な世界との二元論においては、神と世界とは分離され、その結果偽りの超自然主義が姿を現す。

I

この時間における永遠の次元を表現するためにキリスト教信仰が用いる欺瞞的な象徴を分析する前に、次のようなことを思い起こせば問題は明らかになるであろう。すなわち、画家たちは、二つの次元の空間を一つの次元の平らなキャンバス上に描き出す際、欺瞞的な象徴を使わざるをえない、ということである。深さと奥行きを暗示するあらゆる絵画は、あるがままにではなく、深みをのぞき込むその眼に映るように角度をつけて描かれる。平行線は平行線として描かれるのではなく、あたかも地平線で合流するかのように描かれる。それは、眼が奥行き全体を思い描くときに、そのように見えるからである。太古の芸術やごく幼い子どもによる絵だけが、見えるようにではなく実際の比率で物を描くという間違いを露呈する。二つの次元にあるものを一つの次元上に表示するために、あるがままにではなく、見えるがままに描く必要性は、時間の領域における宗教の問題との著しい類似を空間の分野において示している。

時間とは出来事の継起である。しかし、単なる継起は時間ではない。時間は、その継起の意味ある関係を通して初めて現実性を持つ。それゆえ、時間が現実であるのは、時間の外にある原理と力とを時間が継続的に表現するときのみである。しかし、過程の原理を示すあらゆるものは、時間的な過程によって表現されるはずであり、世界の根拠である神についてのあらゆる概念は、この世界の何らかの言葉で表現されるはずである。時間的な過程は、画家の平らなキャンバスのようなものである。それは、その上に二つの次元が表示される一つの次元である。このことは、真理のために欺きをなす、さまざまな象徴によって初めてなされうる。

偉大な芸術は、空間の二つの次元と同様、時間の二つの次元の問題と対峙する。たとえば肖像画家は、人格の特徴を描く必要に直面する。人間の人格性は、雰囲気の連なり以上のものである。ある瞬間のさまざまな雰囲気は、思想と感情との結合においてつながっている。その結合は、いかに気紛れに見えようとも、雰囲気にかなりの一貫性を与える。画家の課題は、特定の雰囲気や、顔のどの表情にも決して完全に表現されることのないような特性の内的一貫性を描き出すことである。

これは、人相学的細部を偽ることによって初めてなされうる。肖像画とは、およそ戯画と明白に区別しえない芸術である。ある人格における一瞬の時間が、それを超えるものを表現することができるのは、ただその一瞬が正確に描かれない場合のみである。一瞬の時間は、それ自体を超えるものの象徴になっていなければならない。

この芸術の技術は、なぜ芸術が科学よりも宗教にいっそう密接に関係するかを明らかにしている。芸術は、世界を、その正確な関係の観点から描写することはしない。芸術は、そうした諸関係の総体的な意味を表現するために、科学によって分析された諸関係を絶えず偽るのである。

Ⅱ

キリスト教は、宗教的で芸術的な素朴な神話や象徴を、それらを完全に合理化することなしに変えてきた宗教として特徴づけられるであろう。仏教はキリスト教よりもはるかに合理的である。その結果、仏教は有限で時間的な世界を悪と見なす。スピノザ主義は、神と世界について、聖書の記述よりも合理的に説明する。しかし、世界を無条件に善とみなし、神と同一視する。聖書の記述では、世界は神が創造したゆえに善であるが、世界は神ではない。あらゆるキリスト教的神話は、さまざまな点で、時間的世界の有意味性と不完全性、また神の尊厳と神の世界関与とを同時に表現しているのである。

神が世界を創造したと述べるとき、われわれは、欺いているよういて、真実である。創造は、完全には合理的に説明されえない神話的思想である。それゆえ創造は、科学者たちと共に哲学者たちにとって不快なものであり、かれらは創造論を因果論に変えてきた。かれらは、連なって起こる各々の出来事を、それに先立つ原因によって説明しようとしてきた。世界についてのそのような説明は、素朴な思想家たちを次のような自然主義へと導く。すなわち、あらゆる出来事は先行する出来事から派生しうるゆえに、世界は自明なものであると見なすのである。より洗練された哲学者たちは少なくとも、アリストテレスと共に、因果の連鎖全体の最初の要因となる第一原因を求めることであろう。しかし、そのような第一原因に、自然と歴史の出来事との生きた関係はない。それゆえ第一原因は、それぞれの新たな出来事における目新しさの出現を把握するものではない。歴史における新しい事実や出来事で、気紛れに生じる新しいものはない。それは常に、先行する出来事と関係している。しかし、この関係が、新しい出現を完全に把握していると想定するのは大きな間違いである。自然においても歴史においても、新しいものは、その特定の時点で出現したかもしれない無数の可能性の一つにすぎない。このため、たとえ、後から振り返って一連の原因を突き止めることができるとしても、われわれが未来を正確に予知することはまず不可能である。あらゆる所与の事実には深遠な恣意性があるが、合理主義的理論はそれを覆い隠そうとする。こうして、そのような合理主義的理論は、動物の生命に与えられた形態を合理的なものと見なす。なぜならそれは、動物の生命の形態を、歴史的に他の形態にまで遡らせるか、あるいは、属や種の観点から他の型の生命と関連づけることができるからである。それにもかかわらず、こうした関係は、それが歴史的な関係であれ、図式的な関係であれ、事柄の所与性という深遠な恣意性を除去することはできない。

したがって、あらゆるものを創造的な中心と意味の源泉と関係づける観点から生の有意味性を説明することは事実に適うことである。しかし、創造の真理を表現することができるのは、理性に背く言葉によってのみである。創造の思想に含まれるのは、無から何らかの有を創り出すという考え方である。『ヘルマスの牧者』[1]は次のように言明している。「何よりもまず、万物を創られ、秩序づけられ、万物を無から有へと造られた神を信じなさい[2]」。これは、創造の思想を進化論的因果関係の思想に置き換えることが可能と考えられるようになったごく近年まで、絶えず繰り返されてきたキリスト教の信仰箇条であった。無からの創造という思想は、深遠な超合理主義である。というのは、人間の理性は、経験的な事柄しか扱うことができず、先行する出来事と原因は経験において理解される一方、新しいものの創造的な源泉は経験を超えているからである。

創造の思想は、存在の根拠を存在に結びつける。それゆえ、それは合理的であるというよりは神話的である。それが合理的な思想ではないという事実によって、創造の思想が虚偽や欺瞞とされるわけではない。あらゆる神話的思考には、素朴な偽りと、いっそう究極的な偽りとが含まれる。そ

（1）紀元二世紀、ローマで著された黙示文学的文書。
（2）「ヘルマスの牧者」荒井献訳（荒井献編『使徒教父文書』講談社文芸文庫、一九九八年、三二六頁参照）。

の素朴な誤りは、神話が語られた初期の形態を権威あるものと見なすことである。こうしてキリスト教は常に、創造信仰が、人間が実際に一塊の土から形作られたという信仰や、実際に六日で創造されたという信仰を含むと主張する誘惑にさらされている。聖書を文字通りに解釈することは、ほかならぬこの誘惑への屈服である。しかし、宗教的信仰についての神話的な表現には、さらに究極的な誤りの源泉もある。それは、歴史におけるそれぞれの事実や出来事の《神的創造者》との関係が、自然の秩序による他の事実や出来事との有機的な関係の可能性を排除すると見なすことである。エティエンヌ・ジルソン(3)が「神学主義」と呼んだこの誤りによって、キリスト教神学は絶えず、自然の秩序の重要性を否定し、自然の秩序の諸関係についての科学的分析を混乱させがちである。近代思想の勃興期、マルブランシュ(4)は、キリスト教神学のこの誤りを最も徹底した形で表現した「機会原因論(5)」の理論を展開した。しかしそれは、キリスト教思想における永続的な誤りであり、創造の思想についての神話的な表現から必然的に生じる誤りであった。これは、対象の究極的な意味を表現するために、対象の自然的諸関係を完全に偽るような形を取る芸術の誤りにも似た誤りである。

われわれは、人間が悪に陥ったと主張するとき、欺いているようでいて、真実である。エデンの園における人間の堕罪の物語は、近代神学が喜んで否定してきた素朴な神話である。それは、近代文化が堕罪信仰について、それは宗教による反啓蒙主義の証拠である、と見なすことを恐れたからである。そうする代わりに、われわれは、人間の生における悪の源泉と性質についてさまざまな説明を施してきた。そうした説明のほとんどは、悪の源泉と性質を主要な諸要素に還元し、罪を、自然の惰性、衝動の肥大、理性の欠陥（無知）などによるものとする。それによって、陰に陽に、善の保証としての成熟した理性に信頼を置くのである。こうした説明のすべてにおいて、悪は人間に賦与されている理性の自由そのものから生じるという、人間の悪の性質の神髄が見逃されている。罪は、動物の生においては罪に至ることがないような自然の衝動の結果ではなく、むしろ、それによって人間が自然の調和を乱しうる自由の結果である。人間が自然の調和を乱すのは、一つの特定の衝動（たとえば、性や所有の衝動）をめぐって自らの生を中心に据えるか、あるいは、神ではなく自己自身を存在の中心にしようとするときである。この自己中心が典型的な罪の形態である。それは創造の欠陥ではなく、他の被造物があずかり知らない自由が人間に賦与されたゆえに生じうる欠陥なのである。

（3）［原注］その著『哲学的経験の一体性』において。（エティエンヌ・ジルソン『理性の思想史——哲学的経験の一体性』三嶋唯義訳、行路社、一九八五年参照。）

（4）Nicolas de Malebranche（1638-1715）. フランスの哲学者、オラトリオ会修道士。

（5）精神にも物体にも独自の原因（作用因）を認めず、それを神に帰する説。デカルトの物心二元論に伴う心身問題（互いに異なる実体である精神と身体とがいかにして連動しうるのか）に応えるもので、あらゆる事象の原因は実のところ、唯一の真なる原因である神が事象を生じさせるための機会もしくは条件にすぎないとする。

堕罪の思想は、園やリンゴや蛇にまつわる素朴な神話を歴史的に事実であると見なす誤りの下にある。しかし、たとえこの誤りが犯されなかったとしても、キリスト教思想はなお堕罪を歴史的な出来事と見なしがちである。堕罪は史実ではない。それは、実際の人間の何らかの具体的な行為において生じるものではない。堕罪はそのような諸行為の前提なのである。堕罪は人間の自由の領域に関わっている。人間の自由は、それがひとたびある行為において表現されるや、常に、それに先行する行為ないし傾向に歴史的に関係づけられる。したがって、人間の行動についての外面的な説明は、常に決定論的である。これは、人間の行動をめぐる純粋に外面的な説明によって内的考察の誤りを避けようとする者が陥る欺瞞である。堕罪の思想によってキリスト教が意味するものを知ることができるのは、ただ内的考察によってだけである。罪意識と神意識とは相互に分かちがたく結びついている。歴史的な広がりのみならず超歴史的な自由をも含む、人間存在の全次元が受け止められて初めて、人間の堕罪の思想は重要性と妥当性を得るのである。

キリスト教神学が、たとえエデンの園の素朴な神話を受け入れない時でさえ、通常、堕罪を歴史的な出来事と見なしてきたのは興味深いことである。それゆえ、キリスト教神学は、堕罪以前の完全性について、それもまた歴史的な時代であるかのように語ってきた。バルトとその学派の洗練された弁証法神学でさえ、堕罪以前の完全性を歴史的なこととして語り、結果的に、全的堕落という歴史的な教理の極端さに接近し、時にはそれを上回るかたちで人間の罪深さの教理を練り上げている。堕罪以前の完全性とは、人間にとって理解することはできるが、実現することはできないような理念的な可能性である。堕罪以前の完全性は、ある意味で、行為以前の完全性である。このようにして、われわれは、完全に私欲のない正義を思い浮かべることはできるが、行動に移す時、われわれ自身の達成はその標準には届かないであろう。合理主義者たちは常に、人間は正義の完全な標準を思い描くことができるゆえに、そうすることができるほど知的になれば、その標準は直ちに実現されるであろうと思い込む。かれらは、知性が標準の実現を保証することはないことに気づかない。また、最もシニカルな現実主義者や目の前の状況に全く無知な者はもちろん、最も偉大な理想主義者たちもまたその行動において標準の達成に届くことはない、ということに気づかない。それだけでなく、そのような達成に届かないことは、単純に知性の欠如から生じるのではなく、心の利己的な堕落から生じるということに気づかない。思想が行動に取って代わられる時、自己はあらゆる理想に入り込む。堕罪の思想が引き起こす欺瞞は多くあるが、キリスト教神学史には、それらすべてが誤りの原因となる時期もあった。人間の生における悪の起源と性質の象徴としての堕罪の思想に固執することにおいて、われわれは欺いているようでいて真実なのである。

Ⅲ

世界を罪から贖うために神が人間になられたと主張するとき、われわれは、欺いているようでいて真実である。永遠が時間に参入するという思想は、知的には不条理である。この不条理は、それを合理的に説明しようとするあらゆる神学的教義によって疑問の余地なく明らかにされている。父なる神（歴史に参入しない神）と子なる神（歴史の神）との関係を説明しようとする教義はすべて、御子は父と同等であるが、それにもかかわらず同等ではないと主張する。同様に、キリストの二つの性質をめぐる教理はすべて、キリストが人間的で時間的な存在であるからといって神的な性質が希薄であるというわけでもなければ、完全に神だからといって人間的で時間的な性質が希薄であるというわけでもないと主張する。理性のあらゆる規準を侵害することなしに次のことを主張するのは不可能であることはまったく明らかである。すなわち、存在の永遠なる基礎が存在に入り込んだのだが、その永遠的で無制約的な性質を棄てることはなかった、という主張である。理性は、さまざまな関係における存在の制約された諸現実に取り組むことがあるかもしれないし、そこから実存的な形態が生じる創造性の計り知れない深みを指し示すことさえあるかもしれない。しかし、理性は、神的な創造者が、その無制約的性格を失うことなく被造物の中に入ったと主張することはできない。《言(ことば)》が肉となったという真理は、通常真理がそれによって判断されるあらゆる規準を侵害する。それにもかかわらず、それは真理である。キリスト教の性格の全体はこの断言に関わっている。それは、神の言葉が人間の生に妥当すると主張する。また、歴史におけるある出来事が歴史それ自体の性格を啓示する性格のものになりうると言明する。また、そのような啓示なしに歴史の性格は知りえないと主張する。そのような啓示がなければ、生と歴史の意味についての理解に到達することは不可能である。いかなる経験的事実からの帰納も、究極的な意味についての結論をもたらすることはない。なぜなら、帰納法のあらゆる過程は、何らかの意味の規範と規準を前提にするものだからである。だからこそ、意味についての究極的な結論に到達するかのように装う形而上学的体系は、信仰によって受け入れた何らかの啓示を無自覚に合理化する密かな神学なのである。あるいは、そのような体系は、合理性を意味と同一視し、それらを汎神論か無宇宙論[6]のどちらかへと強いる過程にすぎない。形而上学的体系は、あらゆる関係において完全に理解される時間的出来事が有限性と偶然性から無制約的全体性へと変えられることを前提にして、神と世界とを同一視することになる。もしくは、存在する世界が、その偶然的で実存的な諸関係によって、《統一性》という合理主義的な思想と調和しないゆえに、存在する世界をその有限性において悪と見なさざるをえない。

キリスト教信仰にとって、世界は完全でもなければ無意味でもない。世界を創造した神は、同時に世界において自己自身を啓示する。神は自己自身を、神の創造が神の啓示でもあるという意味での一般啓示においてだけでなく、特殊啓示においても明らかにする。一般啓示は、神の実在を指し示すだけで、神の特殊な属性を指し示すことはできない。一般啓示のみを信じる神学は、不可避的に汎神論に至らざるをえない。なぜなら、単に、人間の知の対象にすぎず、神自身の主導権によって人間と交わる主体ではないような神は、神より低い存在だからである。世界の動向を観察するこ

(6) 宇宙や世界の実在性を否定し、それらを、神や自我の仮象や様態と見なす思想。

とのみに頼って神を知ることは、人間の行動を観察することにのみ頼って人間を知ることと同様、浅薄にならざるをえない。人間の行動を観察することは、人格の意味を知る十分な手掛かりとはなりえない。なぜなら、それぞれの人格には、自己自身の「言葉」においてのみ自らを伝えることが可能となるような《自由の深み》があるからである。その言葉は、行動の分析に関連づけられることもあり、また、分析の解釈原理になることもある。しかし、その言葉は分析の結果ではない。そのような言葉がなければ、いかなる人格の描写も浅薄なものになりかねない。それは、啓示を排除して神を解釈することが浅薄になるのと同様である。

キリスト教思想においてキリストは、かつての人間とあるべき人間の完全性を回復した完全な人間としての「第二のアダム」であると同時に、人間の生のあらゆる可能性を超越する《神の子》である。神学が、キリストの両性に関わる教理において合理的に説明しようとしたのは、他ならぬこの思想である。それは合理的に説明されえないが、それにもかかわらず真実な思想である。人間の生は無限性の中にある。人間の生が触れるあらゆるものは無限なものに変化する。厳密に分析するなら、あらゆる道徳的基準は、完全で無限なる愛を全く欠いているゆえに、永続的に有効な標準などではないことが明らかとなる。人間の行動の唯一の適正な規範は神への愛であり、人間への愛である。それを通して人間はすべて完全に、相互に関係づけられる。なぜなら、人間は皆、自らの存在の中心と源泉への完全な服従と愛において関わり合うものだからである。同様に、人間の生における悪はすべて、有限な価値を無限な価値に変え、無限の力と、無限の富と欲求の無限の満足とを求めようとする努力に発する。人間における無限と人間を超える無限との間に明確な境界線はないが、それにもかかわらず、非常に明確な境界線がある。人間が常に被造物であることに変わりはないが、罪は、それに満足しないという事実から生じる。人間は、被造性を無限性に変えようとする。それに対して、人間の救いは、その被造的な弱さを神の無限の善に従属させることにかかっている。こうして、人間の生における愛の無限の可能性と、人間の生を超える無限の可能性の両面を示すキリストは、人間がそこに生きる状況の全体を明らかにする真の啓示である。キリスト教信仰のこの言明のうちには、幻想と欺瞞のあらゆる可能性がある。人間は、《処女降誕》という古の神話に欺かれて、まさに歴史を超えたものを指し示すゆえに重要な内容を、全くの歴史上の事実として理解しようとするかもしれない。あるいは、《受肉》の教義を、哲学的な信条の一項目とするかたちで説明しようとするかもしれない。そのような努力は多様な欺瞞をもたらすが、そうした欺瞞が受肉の真理を破壊することはできない。

それにもかかわらず、受肉における神についての啓示はそれ自体贖いではない。キリスト教は、人間を罪から救うためにキリストは死なれたと信じている。キリスト教には、受肉のみならず磔刑を、すなわち、飼い葉桶のみならず十字架をも含む福音がある。十字架上の神の御子の贖罪的な死についてのこの教理は、多くの神学的誤りを引き起こした。道徳的感覚に背くような《代理的贖罪説》はその一つである。実際のところ、キリストの身代わりの死という、福音書の単純な言明ほど満足をもたらす贖罪説はない。このことは、人間の理性には深遠すぎて手に負えない究極的真理について、信仰はそれを理解し自らのものとすることができることを意味するであろう。これが、人間の知恵よりも賢明な神の愚かさである。近代世界は、贖罪の理論のみならず、贖罪という発想自体を不条理なものと考えてきた。近代世界は、悪魔の手から人間を取り戻した犠牲についての、あるいは報復的な父なる神の怒りを鎮めた犠牲についての理論に抵抗しただけでなく、神と人間との和解という発想そのものを不条理と見なしたのである。

キリスト教的救済のドラマをそのように単純に拒否する理由は、キリストの贖罪的な死の思想に付随する神学的不条理を拒否することにあるのではなく、むしろ人間本性についての近代的概念の中にある。近代人は生を悲劇的とは見なさない。歴史は善が悪に対して漸進的に勝利するその記録であると考える。近代人は、人間の文化がいかに高度になろうとも人間の生がその罪において自己矛盾をきたし続けているという、単純で深遠な真理を認めない。したがって、人間の精神性についての最も高度な表現にも、人間の罪の微妙な形態が含まれていることも理解しない。この事実を認めることができなかったことが、近代文化に、人間の歴史についての非–悲劇的な概念をもたらしている。この事実を認めるものの、ただそれだけであるならば、人間の歴史を単純な悲劇にしてしまうことになる。しかし、キリスト教信仰の基本的な使信は、悲劇における希望の使信である。キリスト教信仰は、世はキリストによって成ったが、そのキリストが世に来られる時、世は受け入れようとしなかったと断言する。「言は自分のところへ来たが、民は言を受け入れなかった」〔ヨハ一・一一〕。人間存在は、それ自身の最も深く、最も本質的な性質を否定する。これは悲劇である。

しかし、この事実が理解される時、すなわち、人間が、罪深い存在の標準を生の規範とすることを止め、存在の真の規範を受け入れる時、たとえそれに従うことができないとしても、他ならぬその人間の悔い改めが信仰の眼を開く。これこそ、悔い改めを生じさせる「神の御心に適った悲しみ」〔二コリ七・一〇〕である。この絶望から希望が生まれる。その希望は、端的に言えば、人間が乗り越えることができない人間存在の矛盾が神自身の生に呑み込まれることである。キリスト教信仰の神は、創造主であるのみならず贖い主でもある。神は、人間存在が悲劇のうちに終わることを許さない。神は、敗北から勝利をもぎ取る。神は歴史の中では自身敗北するが、同様に、その敗北の中で勝利もする。

キリスト教の信条におけるこの条項について、キリストの贖罪的な愛を別にすれば、生はあたかも真に全くの悲劇であるかのように解釈する神学がある。しかし実際は、キリストの贖罪の死は、あらゆる人間の経験の解釈原理となりうる究極的な実在の啓示である。それは、経験によって生じる原理ではなく、経験に適用され、経験によって正当性が立証される原理である。キリストの贖罪の死は、同時に、人間の罪が作り出す悪によって常に脅かされ、悪に繰り返し呑み込まれる人間の生が、悪が善に変換されることによって見事に贖われるような事実そのものである。この変換は、人間的可能性ではなく神的可能性である。熟考することによって悪を善に変えることのできる人間はいない。しかし、この変換は、歴史における摂理の総体的な働きの中で起こる。それゆえ、キリスト教信仰は、悲劇に対するただ一度の勝利によって人間存在の悲劇的な事実を否定することもなければ、時間的存在の悲劇を逃れて天へと逃げ込むこともない。そのようなキリスト教信仰の形態は欺瞞である。

キリストの贖罪が、生が実際にどのようなものであるのかについての啓示であるということはとりわけ深遠である。キリストの贖罪は、人間的な努力から見れば悲劇である。人間の努力がなしうるのは、それによって主が十字架につけられた、ローマ法やヘブライ宗教の最高の形態にすぎない。しかし、この十字架刑は、人間の歴史において、人間の努力を超えるものの啓示となる。そしてこの啓示がなければ、生における悲劇を越えるものは理解されえなかった。十字架がなければ、人間は騙されて、人間存在の善なるものによって偽りの楽観主義を謳歌し、人間存在の悲劇的なるものによって絶望へと追いやられる。十字架上で死ぬ神の子、また、歴史を超越するにもかかわらず歴史の中にあって、罪を糾弾し裁くにもかかわらず、罪人と共にまた罪人のために苦しむ神という使信は、生についての真理である。それは、欺くことなしに述べることはできない。しかし、欺きを避けようとする真理は測り知れないほど浅薄である。十字架上で人間の罪のために死んだこのキリストと比べて、万人に善人であれと語る善良な人間イエスは、歴史に一層しっかり根差している。しかし、そのような人間イエスは、色あせた陳腐な言葉にすぎないものの担い手である。

われわれが、キリストは最後の審判の時に再来すると宣言する時、また、歴史において敗北した方が究極的に歴史に勝利し、歴史の裁き主となり、歴史の新しい生の創始者となると断言する時、われわれは、欺いているようであるが、真実である。キリストの再臨の希望以上に、欺瞞と幻想に結びついていったキリスト教教理はない。この教理は、あまりにも頻繁にセクト的熱狂主義者たちによって独占され悪用されてきたため、教会はこの教理をいささか恥じてきた。それどころか、われわれは、ヘブライの預言が頂点に達し、その中でキリストが育てられた黙示文書を低く評価することさえしてきた。この文書の比喩があまりにも法外で、時としてあまりにも現実離れしているため、キリスト教思想家は総じて、黙示文書を放置することでよしとしてきた。それにもかかわらず、キリスト再臨の教理は、キリスト教のあらゆる深遠な特徴に関わっている。キリスト教を、自然主義的ユートピアニズムからもヘレニズム的彼岸性からも区別するのはこの教理である。この教理において、生の成就というキリスト教的希望は、時間と永遠との関係をめぐるその本質的な概念を堅持しつつ、逆説的に、また弁証法的に表現されている。歴史は、ギリシア思想とりわけ後期新プラトン主義におけるように、無意味と見なされてはいない。このゆえに、成就の領域は、歴史を超えたところ、すなわち、純粋な形式が歴史的存在の具体的な内実から抽出される天国のようなところにあるのではない。成就の領域は歴史の終わりにある。それは、成就が、歴史的な形式を超越しつつも歴史と関わっていることを象徴している。歴史の終わりとは、歴史における一時点ではない。

歴史の終わりが歴史における一時点であるという時系列的幻想は、時間という象徴によって超歴史的なものを指し示すあらゆる神話に特徴的なものである。しかしとりわけそれは、再臨の教理に大きな誤りを生み出している。それは、あらゆる形態の現実離れしたセクト的幻想をもたらしてきた。とはいえ、財産を失った者や廃嫡された者は特にこうした幻想に陥りやすかったということは重要である。なぜなら、そうした人々は成就についてのキリスト教的希望を、個人的のみならず社会的にも表現したいと切望したからである。セクト的黙示信仰は、現代の労働者階級の急進主義と密接に関わっている。後者は前者の世俗化された形態である。その両者において、キリスト教正統主義の個人主義は、個人だけでなく人類の共同体的な企てを究極的な審判と究極的な成就の可能性のもとに位置づける考え方と対立した。こうした世俗的な幻想と黙示的な幻想によれば、時の終わりは時間における一時点あり、その彼方に無制約的な社会が出現する。しかし、そうした幻想には真理がある。

この幻想的黙示主義のいっそうブルジョワ的なかたちは進歩の概念である。そこでは、歴史の無制約的な基礎は表向きには否定されるものの、無限の持続という意味における無制約的な成就がひそかに肯定されている。神の絶対的な支配としての神の国は、歴史それ自体に内在する発展の原理へと変えられている。そのような見方に対抗して、キリスト教思想は、二元論的な彼岸性に対するのと同様に厳しく反対の立場を取らざるをえない。生の究極的な成就は、人間の歴史の可能性を超越する。歴史において、生がその中にあるさまざまな矛盾を克服する希望はない。しかし、そうした矛盾は、単なる有限性やはかなさの結果ではなく、人間の自由の果実であるゆえに、単に時間的なものを永遠的なものに変換することによって克服されるものではない。そうした矛盾は、あらゆる人間の努力に付きまとうものであるゆえに、成就は人間的可能性ではなく神的可能性である。神は、この避け難い矛盾を克服するはずである。

それゆえ、世界の審判者でありその成就の創始者でもあるのはキリストである。というのは、キリストは、人間のあるべき姿であるとともに、神が人間を超えていることの象徴でもあるからである。キリストのうちに、成就されるべき人間の可能性も、それらを成就する神の力も共に啓示されている。キリストのうちに、人間の歴史の意味も、歴史を超越するその意味の根拠も共に啓示されているのである。

それゆえ、十字架上に死んだキリストが力と栄光のうちに再び来臨すると主張する時、また、キリストが生ける者と死ねる者とを審き、神の国を打ち立てると主張する時、われわれは、欺いているようであるが真実である。われわれは、人間の企てが悲劇的な結果に至るとは信じていない。しかし、われわれの希望の根拠は、人間の能力にあるのではなく、神の力と憐れみのうちに、また、人間の企てを支える究極的な実在の特性のうちにある。成就とは、人間の歴史において確立し発展するものの否定を意味するということを、その希望が暗示するわけではない。歴史の各瞬間は、究極的な成就の可能性の下にある。その成就は、歴史の本質的な性格の否定でもなければ、歴史自体に内在する諸能力のさらなる発展でもない。それはむしろ、罪が人間の生に持ち込んだ諸矛盾の消滅による、歴史の本質の完成なのである。

2　バベルの塔

全地は、一つの言語、同じ言葉であった。人々は東の方から移って来て、シンアルの地に平地を見つけ、そこに住んだ。彼らは互いに言った。「さあ、れんがを作り、よく焼こう」。こうして彼らにとって、れんがが石の代わりとなり、アスファルトが漆喰の代わりとなった。彼らはさらに言った。「さあ、我々は町と塔を築こう。塔の頂は天に届くようにして、名を上げよう。そして全地の面に散らされることのないようにしよう」。

主は、人の子らが築いた町と塔を見ようと降って来て、言われた。「彼らは皆、一つの民、一つの言語で、こうしたことをし始めた。今や、彼らがしようとしていることは何であれ、誰も止められはしない。さあ、私たちは降って行って、そこで彼らの言語を混乱させ、互いの言語が理解できないようにしよう」。

こうして主は、人々をそこから全地の面に散らされた。そこで彼らは、その町を築くのをやめた。それゆえ、この町の名はバベルと呼ばれた。主がそこで全地の言語を混乱させたからである。主はそこから彼らを全地の面に散らされた。

創世記第一一章一―九節

I

偉大なる宗教的神話における本質的真理を、その神話が記されることを直接的に促した出来事によって評価することはできない。また、それが記された一層明確な意図において把握することもできない。バベルの塔の物語は、バビロンの未完成のマルドゥクの神殿に囚われていた王族を目撃した周囲の砂漠の民が想像をかきたてられ、その神殿が未完成の状態になった理由について憶測したという事実によるものであろう。そのさしあたりの目的は、世界の言語と文化の多様性の起源について神話的説明を与えることであったと思われる。原始的な想像に込められている、恒久的に妥当する洞察を充分に見分けることができるくらいに賢明な人々にとっては、その神話の疑わしい由来も、その歴史なるものの空想的な性質も、その根本的なメッセージを曖昧にすることはない。

バベルの塔の神話は、プロメテウス神話と同様の神話的範疇に属している。両者は独立しており、相互に由来するものではないとしてもそうである。いずれも、人間の野望や達成や欺瞞を妬ましいと思う神を描き出している。近代的精神は、正統主義側の愚かな直解主義を浅薄な合理主義に換えたが、《妬む神》という考え方に何の妥当性も見出すことができていない。近代精神は、神など全く信じないか、または、信仰による神は、たいへん親切で優しいゆえに、実におばあちゃんのようなものであるとするかのどちらかである。《妬む神》は、近代人が幸運にも逃れることができたと自ら感じている、より上位の諸力への原始的恐れを表現している。しかし、《妬む神》という考え方は、あらゆる人間の努力の中にある罪についての恒久的に正当な感覚を表現している。近代人がのたまうところによれば、宗教とは、われわれの最高の社会的価値についての意識である。いかなるものも真理とかけ離れてしまうことはできなかった。真の宗教は、われわれの最高の社会的価値についての不安である。その不安は、次のことを知るところから発するものである。すなわち、真の宗教が崇拝する神は有限な人間の限界を超えているが、その同じ人間が、文化と文明の有限性を忘れるという誘惑に、また、その文化と文明について、完全性に達していると偽ろうとする誘惑に常にさらされているということである。ゆえに、あらゆる文明と文化はバベルの塔である。

人間の文化と文明の欺瞞は、あらゆる人間の精神における深く根絶しがたい困難の当然の結果である。人間は死なねばならない。それは人間の定めである。人間は不死を偽装する。それは人間の罪である。人間は時間と場所に生きる被造物であり、その視点や洞察は、その直接的環境によって常に条件づけられている。しかし、人間はたんなる時間と場所の囚人ではない。人間は永遠の裾に触れている。人間はたんにアメリカ人や中国人やブルジョワであることや、二〇世紀に生きる者であることに満足することはできない。人間は自分自身にとっての真理で満足することはできない。人間は、真理そのものを探し求めている。人間の記憶は、自身の生きる時代を超える範囲を有する。

その慌ただしい知性は、自分自身の限界に囚われないようにするために、あらゆる文化の意味を把握しようとする。

こうして人間は精神の塔を建て、そこから、その階級や人種や民族よりも広い地平を見渡そうとする。これは避けがたい人間の企てである。その企てなしに、人間がその十全な位地に達することはできなかった。しかし、その塔がバベルの塔となるのも、また、その実際の高さ以上の高みに到達したと偽るのも、さらに、自身が持つことのできない完全性を主張するのも避けがたいことである。人間が見出し語る真理は、自分自身を超えようとするあらゆる努力にもかかわらず、依然としてその者だけの真理にすぎない。人間が発見する「善」は、それを自分自身の利害や関心から切り離そうとするあらゆる努力にもかかわらず、依然としてその者だけの「善」にすぎない。人間の想像力の余計な制限を逃れようとして塔を高くすればそれだけ、必然的で避けがたい制限の暴露が一層確かになる。こうして罪は、人間生活の最低の達成と同様に最高の達成をも堕落させるのである。人間の誇りは、それが堅固な達成に基づくときに最も偉大なものとなる。しかし、人間の達成は、そのもろもろの欺瞞を正当化するほどまで偉大なものには決してなりえない。この誇りは、キリスト教正統主義が「原罪」という言葉で意味してきたものの少なくとも一つの側面である。それは、遺伝的な堕落というよりは、有限な被造物の精神に避けがたい汚点である。有限な被造物たる人間は、常に時間と場所に隷属していながらも、完全に隷属することは決してない。そして、自らの解放の度合いは、実際のそれよりも大きいという幻想の下に常にある。

うかつな観察者は、人間の精神におけるこの欠陥を、無害な気まぐれであるとか、理性がその制限によって、自らの限界を充分に理解できないという避けがたい失敗であるなどと見なしてしまうかもしれない。そうならないように、人間の史実の記録にあふれている文明や文化の悲劇的な自己破壊は、まさにこの欠陥によって引き起こされるところがあることを指摘しておく必要が生じる。プラトンとアリストテレスは、歴史はさまざまな都市国家の興亡であると考えることができた。しかしかれらは、都市国家自体が政治的組織の究極の形態であると見なしていた。しかし明らかになったのは、広範な社会的結合の欠如と、この都市国家組織のギリシア世界内部における無政府状態こそがギリシア文明のアキレス腱であったということである。都市国家は究極もしくは完璧な社会的組織ではなかった。それは単なるギリシア的個別主義の現れにすぎなかったのである。ギリシアの奴隷制はおそらく、その都市国家間の無政府状態と同様にギリシア的営みの没落の一因となった。階級闘争はギリシアの政治的営みの混乱に複雑さを増し加えた。しかし、プラトンもアリストテレスも、自分たちの社会の階級構造を、永遠なる秩序に刻まれているものと見なしていた。

ローマ文明も、西欧世界のあらゆる社会構造と同様に、そのような文明とほとんど踵を接し、また同様のものとなるに至った。「ローマの平和」は、たんにローマの軍隊によって強制された以上の何かであった。しかしそれは、ローマの理想主義者たちが豪語したような純粋な平和と正義には及ばないものであった。ローマ文明の最も特徴的な文化的達成は、ローマ的ストア主義であった。ローマ的ストア主義は完璧なるバベルの塔であった。なぜならそれは、ローマ法の不完全な正義を超越している部分もあれば、神聖視する部分もあったからである。キケロの思想において、ストア的普遍主義とローマの帝国主義とは全く同一というわけではなかった。しかし、ローマの帝国主義がキケロのストア的普遍主義の精神的威信を享受しうるほどに似通ったものではあった。

キリスト教の歴史で最も普遍的な文明は、ヨーロッパの一三世紀に花開いた中世の封建主義社会の構造であった。ローマ教皇たちの道徳的また政治的権威は、道徳的に自律的な政治的また民族的集団による無政府状態を抑制し、中世ヨーロッパに政治的また社会的統一をもたらした。その統一は、教皇たちが回復しようとその後空しく試み続けたものであった。アウグスティヌスからアクィナスに至るまで解釈されたものとしてのキリスト教の基本的前提は、文化的営みに大陸の共通基準を与え、それは、その文学や絵画や建築において鮮やかに練り上げられた。これは、それ自らの見立てにおいては「キリスト教的」文明であった。しかし、それもまたバベルの塔であった。キリスト教的文明は以下のことを理解しえなかった。すなわち、キリスト教文明もまた、主として地主階級の文明であり、それは、封建的貴族制という特定の経済的利害をキリスト教的理想主義に入念に織り込んだものである、ということである。その「適正価格」論は、経済的強欲に対して宗教的で道徳的な規制を設けようとした。しかし、その適正価格論は、生産者である都市の職人を食い物にする、消費者である貴族の経済の表現であった。同様に、高利貸の厳格な禁止は、貸借の問題に聖書的理想を表向き適用したものであった。それは、地主階級が主として金を借りる側であり、貸す側ではなかったときにおいてのみ実行された。

バベルの塔のまさにその性質と、その常に悲劇的な歴史の主要因は次のようなことである。つまり、その限界と、その限界をごまかして無視することは、内側からは見えない、ということである。言い換えれば、部分的にすぎない洞察と特定の利害を、永遠で普遍な価値と混同してしまった集団によっては、その限界とごまかしを理解できない、ということである。こうして地主たちが、自分たちの文明は断じてキリスト教的ではないことに気づくことは決してなかったし、また、今なお気づいていない。このことに気づき、最終的にこのバベルの塔を打ち倒すに至った階級は、中世的生活の組織の中で無視されてきた商人、実業家、職人、銀行家の階級であった。城郭の力による抑圧にもかかわらず、城壁の防御のもとで成長した都市は最終的に、城郭を破壊するに十分なまでの大きな力を手に入れた。しかし地主は、自分は、自分自身の文明などではなく、文明そのものを守っているのだと、その時代のボリシェヴィキ(1)である実業家に抗して最後まで主張したのであった。

この悲劇の顚末は現在、スペインで演じられている。そこでは、市民戦争の恐ろしい情熱と、同

（1）少数の革命家の主導する暴力革命を主張してロシア革命の主導権を握った、ロシア社会民主労働党の多数派。ここでは、時代における革命的多数派くらいのイメージ。

胞相争う対立の渦中で、時代遅れの封建主義は消滅しつつある。封建的バベルの塔の伝統的手段であるローマ・カトリックのキリスト教は、自らが築いてきた文明は、決してキリスト教文明ではない何かであるということをこの期に及んで認めようとしない。かくしてローマ教皇は、スペイン内戦に言及した一九三六年のクリスマス・メッセージの中でこのように述べた。「繁栄や進歩の敵であると自認して、キリスト教会や、神の約束の擁護者や、神の委託による人々の教師を演じようとする者たちはみな、人類と自らの国家にとって、決してその豊かな未来を造り上げる者ではない。のみならず、反対に、そのような者は、恐ろしい諸悪を防ぐ最も効果的また決定的手段を破壊し、たとえ知らず知らずのうちであれ、自分が信じている者たちと行動し、自分は戦っていると大言壮語するのである」。

われわれの新たな社会秩序を築いた商人たちは、宗教とは第一に社会的不正の手段であるゆえに、常に、特定の社会の部分的で相対的な価値に不当にも神聖さの雰囲気を与えてきたと確信していた。ゆえに、ブルジョワ社会は本質的に合理主義的で非宗教的であった。それは、その最も重要な力の源としての土地貴族と共にではなく、実業家と共にそうだったのである。一八世紀に典型的な精神の持ち主であるコジモ・デ・メディチは、[2]「あなたがたは自分自身の天へのはしごをこしらえた。しかし、われわれは、それほど上を目指すのでもなければ、それほど下に落ちるのでもない」と宣言した。コジモのたとえは、中世文明のバベルの塔的な側面に見事に当てはまる。しかしそれはまた、新たな塔の基礎を含む。そこでは、かつて伝統的な宗教が果たした機能を理性と科学が果たす。

ブルジョワ社会は、自らは偏見から自由であると思い込んでいる。その文化的理想は、前提を持たない科学という理想である。ブルジョワ社会は以下のことを信じている。すなわち、自由、平等、友愛といった社会の理想は自然法の理念であり、それは理性が発見し適用する、自然の永遠で不変なる原則である、ということである。これらの理性による理念は、中世の神学によって発展した、あらゆる社会秩序や道徳的善と全く同様に普遍的で絶対的なものであり、時を超えて妥当するものと信じられている。ブルジョワの理想主義者たちは、かれらの時を超えた理想なるものの概念や、ましてその適用に、どれほどまで自分自身の利害や立場を忍び込ませているのかということについて全く無自覚であった。こうして自由は、平等や友愛よりも大きな意義を担うことになる。なぜなら、商人の中流階級は、封建的秩序がかれらの商業活動に課した社会的諸制約から脱却することに意を用いていたからである。その上、都市生活は、農村生活の一層有機的な社会的連帯と比べたとき、個人主義の基礎となるのは当然のことであった。中産階級の目的への合理主義的理想の無自覚な適用は、自然法は三つではなく四つの理念、つまり、自由、平等、友愛に加えて所有を要求するというジョン・ロックの確信において最も完全に表現されている。さらに以下のことを付け加えておかねばならない。すなわち、ブルジョワ社会の初期における、一層理想主義的な時期の自由主義的理想の無自覚な堕落は、後の一層退廃的な時代における自覚的な堕落となったということである。

（2） Cosimo de' Medici（1389-1464）. メディチ家のフィレンツェ支配を確立した銀行家・政治家。

その時代、奮闘努力する一八世紀の商人と実業家が二〇世紀の社会の少数独裁者となり、自由とは、政府の規制なしに経済的権力が自らを表現できるよう解放されることであると理解されていた。ジョン・スチュワート・ミルの『自由論』と、同じ主題のいっそう近年のものであるハーバート・フーヴァー(3)の同名の著作を比較すれば、このような理想の堕落の傾向がわかるであろう。あらゆるバベルの塔において、頂点よりも基礎のほうが率直なのである。

こうして、封建世界の幻想と欺瞞を打ち砕くことによって始まったブルジョワ世界は、同じ幻想に自らも巻き込まれることによって終わりを迎える。「不偏不党」なる学者たちは、そこにおいて、封建的生活で中世の聖職者が果たしたのと同じ精神的役割を演じることになる。この後期においてさえ、この事実は、ブルジョワ的イデオロギーの社会学者たちにはまだ十分に明らかではなかった。かれらは依然として次のことを学ばねばならなかった。すなわち、ピラトの「真理とは何か」という皮肉を込めた嘲りの言葉をあえて無視できる学者は物理学者だけであるが、その物理学者さえ、自らの帰納法に、吟味されていない前提を忍び込ませる誘惑と完全に無縁なわけではない、ということである。

ちょうど実業家たちが、土地貴族たちのいかがわしい天国からのけ者にされたゆえに土地貴族の不正を暴いたように、工場労働者は、ブルジョワ社会における反抗と批判の役割を担うことになる。工場労働者の最も特徴的な哲学はマルクス主義である。この哲学ならではの功績は、あらゆる文明におけるバベルの塔的な特徴を明るみに出し、人々にそれを気づかせたことである。マルクス主義は、あらゆる文化の経済的特質を明確に見定め、各時代の文化的企てによる《不偏不党》の主張をさげすむ。マルクス主義は、それらの文化的企てをすべて社会的闘争の手段とみなし、また、実際にそうであるように、利害の正当化とみなす。この哲学の特筆すべき特色は、あらゆる文化の有限な見通しと、その有限性を隠蔽し否定しようとする罪深い努力を認識しながら、自らはもう一つのバベルの塔を建立し続けるところにある。マルクス主義は、人間の有限性が、階級のない社会で、あらゆる人間の利害の完全なバランスをとることによって克服され、利害の普遍的一致が創出される文明を打ち立てることを企てる。人間の有限性と階級の利害とを誤って同一視することに基づきつつ、マルクス主義は、階級のない社会が普遍的真理を達成するであろうという、幻の、また偽りの希望に身を任せる。こうして、人間の有限性と不実さの一面について最も明確に理解している社会階級が、人間の有限性そのものの問題に関しては、それ以上ない無知へと引きずり込まれる。それゆえに、その社会階級は、人間の精神が幾度となく繰り返す悲哀の究極的表現を示す。すなわち、自身については見破ることはできないのに、あらゆる文化における、不偏にして普遍であるという疑わしい主張を見破ることができる、というわけである。

ロシアの「戦闘的無神論者同盟」[4]の一〇周年記念号には、人間の傲慢についての、以下のよう

---

(3)　Herbert Clark Hoover（1874-1964）. 第三一代アメリカ大統領。

(4)　一九二五年に創立されたソ連の反宗教的団体。

な興味深い表現が見られる。「『スタハノフ運動』（これは出来高払い労働の組織化のための運動である）は、宗教を打倒する上で際立った役割を果たすべきものである。その運動は、自然を征服し、かつて押しつけられたあらゆる基準を打破しつつある人間の力のとてつもない増進を示すものである。ブルジョワ世界の学者たちが、人間の認識や力が超えることのできない限界があると主張し、また、限界づけられた知性が認識できない事柄があると主張するならば、以下のことは明白である。すなわち、プロレタリアによる宗教からの解放の下での、階級のない社会における意識の高い労働者の創出は、最新の技術の獲得の助けを得て、宗教の拘束のもとにおいては人間が決して向き合おうとはしなかった課題に進むことを可能にするということである。社会主義者の社会において、知は狭い限界から自由である。人間はすべてを学び、すべてを征服できる。ボルシェビキが奪取できない砦などない」。

ブルジョワ的合理主義が宗教を破壊しようとした事実には奇妙な皮肉がある。なぜなら、プロレタリア的合理主義が、人間がバベルの塔を建てるのを阻止しようとする傾向があるゆえに宗教を破壊しようとする一方で、ブルジョワ的合理主義はバベルの塔を打ち立ててきたからである。われわれが考えている問題は、伝統的な宗教と無宗教との垣根を超えるものであることを、それ以上に決定的に証明しうる事柄はなかった。宗教的文化であろうが、合理的もしくは科学的文化であろうが、あらゆる人間文化の形態は同じ堕落の下にある。なぜなら、すべては同じ人間の心の産物であり、それは、自らの有限な限界を否定しようとするからである。宗教に対するブルジョワとプロレタリアの批判は、両者が相反しているように見えていても、ある意味において、いずれも正しい。宗教的文化は常に、最も嘆かわしい欺瞞の罪を犯している。なぜならまさに、宗教的文化は、あらゆる人間の知を超える神を信じているからである。もしも宗教的文化がまた、自らの知がこの超越を理解し、その人間的良心が超越の命ずるところを表現していると信じるとするならば、そのバベルの塔は、偽りの高みをまた少々増すことになる。宗教的文化は、常にそのような誘惑にさらされてきたのである。

Ⅲ

人間の歴史の最も哀れな側面の一つは次のようなものである。すなわち、あらゆる文明が自らを最も偽って表現し、不完全な価値と普遍的な価値とを最もそれらしく混ぜ合わせ、その有限な実存についての不死を主張するのは、まさに死に至る崩壊がすでに始まったときである、ということである。プラトンは、ギリシアの都市国家の特殊な見方を、普遍妥当的な政治理念に投影したが、それは、ギリシア社会の衰退を阻止するためでもあった。その理念の概略を述べるにあたってプラトンは、その模範をアテネからスパルタに転じたように見受けられる。スパルタは一致と団結を一層高い度合で実現したと信じていたからである。しかし、スパルタにおける一致はその軍政の成果であり、スパルタの軍政は、あらゆる軍政と同様に、一層避けがたく残忍な分裂という代償を払った上で社会の衰退を抑止しただけであった。

エジプトのピラミッドは、エジプトの文明が爛熟と言えるほどまでに熟した時期に建設された。ピラミッドは、統治者であるファラオの不死という自覚的な欲望と、不死の力はすでに成就されているという、文明全体の無自覚的な主張を表現していた。アーノルド・トインビーは、近年の著作『歴史の研究』において、ピラミッドの建設は、それを基礎としてエジプト文明が形成されたところの奴隷制という不正を助長し、そのことによって、ピラミッドが否定しようとした崩壊が早められたと指摘している。

ローマ文明の誇りはローマ法であった。ローマの法治主義の最終的達成はユスティニアヌス法典だった。ユスティニアヌス法典は、ローマ帝国がまだ葬り去られてはいなかったものの、すでに死んでいた時期に完成した。

トマス・アクィナスは、あらゆる中世的文化の基準を一つの堂々たる総合にまとめた。しばらくの間は、あたかもかれが永遠なる文化の概略を記し、普遍的文明の特徴を引き出したと思われた。そこにおいて、キリスト教の福音の絶対的要求は、貴族階級すなわち土地所有者の社会の相対的な必要性と巧妙に織り合わされていた。それらはすべて栄光に輝く一三世紀に達成された。その時代、インノケンティウス三世の政治的手腕と聖フランシスコの神聖さが、キリスト教思想の実践的側面と完全主義的側面とを例示し、また完成させた。それらは、トマス神学において見事に総合されたものである。しかし一三世紀は、中世の最も偉大な世紀であったばかりでなく、その最後の世紀でもあった。中世精神の堂々たるたたずまいは、一四世紀において亀裂が走り、一五世紀と一六世紀において崩壊した。死の種はまさに、その時代の営みの完成の中にあったのである。

われわれの時代の文明を最も特徴的に表現するものの中に、同様の破滅の象徴を探すのはまだ早すぎるかもしれない。しかし、商業文明の誇りの完璧な象徴であるニューヨークのエンパイアステートビルが、ちょうどアメリカが世界大恐慌に見舞われた時に完成したことには重大な意味がある。そして、この偉大なる建築物が〔テナントで〕塞がることは決してないのはほぼ間違いない。このような建築物がわれわれの文明の高慢と動的なエネルギーを表現しているとすれば、国際連盟はブルジョワ社会の普遍主義的夢の特徴的表現である。それは、貿易における互恵主義と、国際的な権利と利害の摩擦についての合理的で熟慮を経た合意を基礎とした永遠の平和を庶幾するものであった。ジュネーヴの新しい国際連盟ビルが完成したのはちょうど、正義を求めるエチオピア皇帝の、無駄に終わった嘆願のことが国際連盟から知らされた時であった。その嘆願をかなえることができなかったことが国際連盟を決定的な崩壊に巻き込んだのである。

あらゆる文明において、その最も見事な時代が、その直後の死に先行するように見受けられる。秋の森のように、生命は、色彩の壮麗なる華美によって死を拒否する。しかし、その氾濫する色彩は一種の錬金術によって引き出されたものであり、そこにおいて生命はすでに死に触れているのである。こうして人間は、その死の定めが明らかになったまさにそのとき、精神的な達成ゆえの不死を標榜する。そして死と《死の運命》は、まさに不死という欺瞞に奇妙にも混ぜ合わされ、強力なものになる。

Ⅳ

われわれは、バベルの塔の物語に立ち返り、その最も興味深い一面について考察しなければならない。すなわち、神と同等であることを主張して、その死すべき運命という状況を飛び越えた者たちに嫉妬深い神が下した罰の形態についてである。「主は言われた。『さあ、私たちは降って行って、そこで彼らの言語を混乱させ、互いの言語が理解できないようにしよう』。こうして主は、人々をそこから全地の面に散らされた。そこで彼らは、その町を築くのをやめた」。

われわれはここで、もう一つの神話的深みを見ている。それは、文字通りの事実ではないが、深いところで真実なものである。この地上の諸民族が一つの言語を有したことは決してなかった。赤ちゃん言葉が、言語の多様性を生じさせた普遍的言語であると見なされるのならば別であるが、そうなのである。しかし、言語の多様性は、高慢な人間に、その最も完璧な精神の神殿といえども有限性に触れていることを繰り返し思い起こさせるものであることは真実である。言語の多様性は、人間の精神の最高の頂点であっても自然と歴史の偶然性に根差しているという事実の最も鮮やかな象徴である。あらゆる言語は、他の言語と比較しても、また、その言語自体の発展の点から言っても、非合理的なものである。ある言語が現にそのようなものとしてあり、また、別様にではなく、まさにそれとしての文法と統語論の特性を有していることは、非常に多くの変遷を経たその文化全体の歴史をたどってみて初めて理解しうることである。

言語とは、精神の財宝が納められる土の器である。その宝は言語の限界を超えうるし、実際に超えることもある。ゆえに、シェイクスピアは心情に重点を置いて語ったが、それは、一六世紀のイングランドを超えて理解されうるものである。また、セルバンテスの『ドン・キホーテ』は、悲劇についての普遍的な雰囲気を印象づけるものであり、かれの皮肉が向けられた、封建主義が死に絶えつつある時代を超えた妥当性を有している。そしてゲーテは、ドイツの人間主義とロマン主義という境界を超えて評価され続けることになる調子を響かせている。これらの偉大な文学における普遍的な含蓄は、人間の精神の正当な誇りを思い起こさせるものである。人間は動物ではない。人間は、時間に縛られたり、場所に根付いたりすることはない。人間とは、「……世界の所有者、七つの星と太陽年の所有者、カエサルの手腕、プラトンの頭脳の所有者、主キリストの愛、シェイクスピアの詩の所有者[5]」である。

人間は永遠で普遍なるものの裾に触れている。人間が、自らの境界を超え、決して所有することのできない精神の普遍性に達したと主張する誘惑にさらされる可能性があるのは、ひとえにこのような尊厳を有するからである。世界の文学における普遍的基調は、表には出ない《含み》としてあ

(5) エマソン「歴史」より(『エマソン選集2』入江勇起男訳、日本教文社、一九六一年、四頁参照)。

る。言語の多様性は依然としてある。フランスからドイツへ国境を越えると突然言語が変わるが、それは時に、その明確さにおいて、ほとんど物理的なまでに強力な実在という印象を人に与えることがある。これら二つの言語は、人間精神の不滅の宝を蔵している。しかし、その二つの言語はまた、ヨーロッパの二つの民族の長く悲しい争いの歴史を負わされている。その二つの民族は、自然のあらゆる隔たりよりも深い隔たり越しに互いを見ている。なぜなら、歴史は、自然が備えた隔たりを埋めるのみならず、深刻にもするからである。

合理主義は常に、これらの言語の障壁や、その相違の非合理性に苛立っている。合理主義は普遍的言語や普遍的文化を夢見ている。しかしそれは単に、合理主義のバベルの塔への強い好みでしかない。それは、自らの限界を見定めることに失敗した人間の理性のしるしであり、また、人間の精神の最も誇らしい殿堂にすら入り込む、有限な必要性による高慢で無益な抵抗と偶然性のしるしである。

バベルの塔の神話は、聖書的宗教の本質の、最も鮮明な、また最初の表現の一つである。文化的宗教と対照させた聖書的宗教の独自の特色は以下のようなものである。すなわち、文化的宗教は、神話的なものであれ合理的なものであれ、知性と心情の何らかの訓練によって永遠なるものと神的なものに到達しようとする。それに対し、聖書的宗教は、創造主と被造物との間には、啓示でさえ完全に橋渡しすることのできない隔たりが依然として動かしがたくあると信じているのである。あらゆる神の啓示は、それを理解する有限な知性によって相対化されてしまう。その結果、たとえ啓示されたとしても、神は依然としてベールに包まれている。神の思考はわれわれの思考ではなく、神の道はわれわれの道ではない。天が高く地を超えているように、神の思考もわれわれの思考を超え、神の道もわれわれの道を超えている。そのような神を崇拝することは悔い改めにつながる。それは単に、人間の精神が犯す意識的な高慢と傲慢の罪を悔恨の情において認めることに至るのではない。それのみならず、あらゆる人間の企ての中にある避けがたく逃れがたい傲慢による罪の感覚に至るのである。そのような罪は、最高で完璧なものの中にさえ、というよりも、一層正確には、最も高貴な人間の企ての中にこそある。

そのような悔い改めは、集団的人間の企てを、繰り返し襲いかかる破局から守るには十分なものでは決してないだろう。それはまさに、かれらは自らの限界を知らないからである。しかし、この悔い改めは、少なくとも個人においては可能である。神の眼における人間の知性の限界を理解する者は、それゆえに、その限界を乗り越えることはしない。人間は、あらゆる人間の精神における不当な欺瞞を認識するまさにその時に、バベルの塔を建てることがある。キリスト教の最も深い形態に、道徳を超えた特性をもたらすのはまさにこの、人間は、バベルの塔において逃れがたいジレンマに直面しているという確信である。その確信は悔い改めの感覚をもたらすが、それは、道徳の放棄によるのみではなく、最高の道徳的達成の中にもある無自覚な罪ゆえにまたそうなのである。これは、詩編記者が、「あなたの僕を裁きにかけないでください。生ける者の中であなたの前に正しい者はいないからです」〔詩一四三・二〕と祈るときに言わんとすることである。これは、パウロが、行いではなく信仰による義認を強調することの意味でもある。これは、近代の道徳的キリスト教があまりにも完全に排除した要素であり、またそれゆえに、その近代の道徳的なキリスト教は、はなはだよけいに弁解がましくなったのである。人間の精神の究極の問題に対するこの信仰義認という要素の妥当性は、近代人の知識を超え続けてきた。それはまさに、近代人は、そのことを知らずにバベルの塔を打ち立てる合理主義者だからである。この神話の中に示されている罪についての原初的感覚は、近代人の皮相的な知性にとってあまりにも深遠な洞察の果実なのである。

3　契約の箱と神殿

ダビデはイスラエルのすべての高官、すなわち部族の長、王に仕える各組の長、千人隊の長、百人隊の長、王と王子たちの全財産および家畜を管理する高官、さらに宦官、勇士など、力ある勇士全員をエルサレムに召集した。

ダビデ王は立ち上がって言った。「私の兄弟たち、私の民よ、聞きなさい。私は主の契約の箱、私たちの神の足台を安置する神殿を建てる志を抱き、建築の準備をした。しかし、神は私に言われた。『あなたは戦いに身を置き、人々の血を流してきた。それゆえ、あなたが私の名のために神殿を建てることはない』と。イスラエルの神、主は私の全家族の中から私を選び、とこしえにイスラエルの王となるようにされた。主はユダを指導者として選び、そのユダの家の中でわが父の家を選び、わが父の子らの中でこの私を全イスラエルの王として喜び迎えてくださったからである。……主は私に言われた。『私の家と私の庭を建設するのは、あなたの子ソロモンである。私が彼をわが子に選び、私が彼の父となる。……』」。

ダビデはその子ソロモンに、廊や神殿のさまざまな建物、貯蔵室、階上の間、奥の部屋、贖いの座を納める建物の見取り図を渡した。彼はまた、霊によって示されたあらゆるものの見取り図を渡した。……ダビデは息子ソロモンに言った。「強く、雄々しくあれ。実行しなさい。恐れてはならない。おののいてはならない。神である主、わが神はあなたと共にいて、主の神殿に奉仕する仕事をことごとく果たすまで、あなたを離れたり捨てたりすることはない。……ダビデ王は全会衆に言った。「わが子ソロモンは、神から一人選ばれた者であるが、まだ若く、経験もない。しかし、この仕事は大きい。この神殿は人のためでなく、神である主のためのものだからである……」。

歴代誌上第二八章一節―第二九章一節

ダビデは全会衆の目の前で主をたたえて言った。「私たちの父イスラエルの神、主よ。あなたはいにしえからとこしえまでたたえられます。主よ、偉大さ、力、誉れ、輝き、威厳はあなたのもの。まことに、天と地にあるすべてのものはあなたのもの。主よ、王国もあなたのもの。あなたは万物の頭として高みにおられます。……取るに足りない私と、私の民が、このように自ら進んで献げたとしても、すべてはあなたからいただいたもの。私たちは御手から受け取って、差し出したにすぎません。私たちは、先祖が皆そうであったように、あなたの前では寄留者であり、滞在者にすぎません。私たちの地上での生涯は影のようなもので、希望などありません」。

歴代誌上第二九章一〇―一五節

ソロモンは、エルサレムのモリヤ山で、主の神殿の建設を始めた。そこは、主がソロモンの父ダビデにご自身を現され、ダビデが準備していた場所であり、かつて、エブス人オルナンの麦打ち場があった所である。……その時、ソロモンは言った。「主は、密雲の中に住む、と仰せになりました。……そこで私は、あなたのために荘厳な神殿、とこしえのあなたの住まいを建てました」。……。「……父ダビデは、イスラエルの神、主の名のために神殿を建てようと志していた。だが、主は父ダビデにこう仰せになった。『あなたは私の名のために神殿を建てようと志してきた。その志は立派である。しかし、神殿を建てるのはあなたではなく、あなたから生まれた息子である。彼が私の名のために神殿を建てるであろう』……

神は果たして人間と共に地上に住まわれるでしょうか。天も、天の天も、あなたをお入れすることはできません。まして私が建てたこの神殿などなおさらです」。

歴代誌下第三章一節、第六章一―一八節

I

ダビデは、戦いの人であると同時に神の人でもあった。かれは、イスラエルの諸部族を制圧し、一つの王国へと統合した。かれはまた、周囲の諸部族に対するイスラエルの勝利を確保するために戦った。そうした後者の戦いのすべてにおいて、ダビデには契約の箱が伴っていた。それは、ダビデの戦いにおける父祖たちの神の臨在と助けを保証しているようであった。ダビデのあらゆる軍事的企てにおける契約の箱の存在は、戦いにおいては、あらゆる人々が神の人であるという事実を象徴するものである。それが、イスラエルの民を動物から区別する。人間は自分自身の生存のためだけに戦うことはしない。たとえ、ある意味において、あらゆる人間の紛争が命と命をめぐる原始的な争いであるとしてもそうなのである。しかし、人間の命は決して単なる肉体的存在などではない。常に自らの命よりも高い価値への献身を主張する近代国家よりも公然と、そして率直に自らの生存のために戦う原始部族にも、民族の記憶がある。それゆえ、その部族の死者たちの霊魂は、戦いの現場において部族とともにある。そして、文化がダビデの時代の極みに達した時、部族の神はその民の戦友となる。契約の箱はこの戦友関係を外的に象徴していた。人間社会は、最も原始的な社会でさえ、同時代における連携関係以上のものである。人間社会は過去に結びつけられており、それゆえに聖なる共同体である。その目先の存在を超越する諸価値が、常にその戦いに関わっている。

ダビデの宗教における契約の箱は、われわれの献身の最高の価値がわれわれ自身の生存と緊密に結びつけられているようなあらゆる文化宗教の象徴である。こうした文化宗教は常に、預言者たちが活動する以前のイスラエルの神のような曖昧な神を持つ。その神は、われわれ自身の価値を確立し、擁護し、聖化するような神である。しかし、その神は、こうした価値がわれわれだけのものではないことも示唆する。原始社会の神は率直に言って部族神であるかもしれない。しかし、初期文明の神々はすべて部族を超えたものを指し示している。それらは、人間の精神的生における、深遠で心をかき乱すような実在である。人間文化のあらゆる高い価値はヤヌスの顔を持つ。その価値は、目の前の事柄と究極的な事柄とを指し示す。それは、存在の個別の形態を賛美する。また、個別なものを超越し、その価値を生じさせた偶然的な存在の彼方にある意義を達成しようと努める。それゆえ、文化宗教の神々は常に、戦いの神であり、戦いに勝利する助けとなる神である。なぜなら、文化宗教の神々は多少なりとも、戦いの神々以上のものだからである。「パクス・ロマーナ」はこうして、ローマ帝国の武力に基づくようなローマの平和であった。しかしそれは、ローマ帝国の被統治者と犠牲者までもが恩恵を保証される平和であった点において、ローマの平和以上のものであった。社会的平和の原理はローマ帝国の権力を超えるものであった。ブルジョワ社会の神はブルジョワ社会以上のものである。その神は、自由や民主主義や友愛の神である。しかし、その神は戦いの神でもある。こうした普遍的諸価値の一つ一つはみな、ブルジョワ的存在の必要に巻き込まれており、また、同様に尊い他の価値と対立する。

アメリカ宗教の神（いわゆる「アメリカン・ドリーム」）はアメリカ的神である。それにもかかわらず、それは神であってアメリカそのものではない。なぜなら、アメリカが最善に機能していた時、階級差別に苦しむヨーロッパの人々にアメリカが提供した《機会の自由》は人間に関わるものであって、単なるアメリカ的価値ではなかったからである。封建制度のヨーロッパの神は、その神がキリスト教信仰の神と考えられていた時でさえ、戦いの神であった。その神は、農耕文明という特定の型の神であり、中世文化固有の神であった。スペインでは、人々は今もそのような神のために戦いを遂行している。そして、自らの戦いを「キリスト教文明」のための戦いと呼んでいる。

文化や文明の神は、こうして常に、戦士に同行する契約の箱の神である。その神は、他の文化と対立する特定の文化の神であり、他の形態の人間の生き方と対立する特定の形態の人間の在り方の神である。それにもかかわらず、その神はそれ以上のものである。そして、その神が戦いにおいて力を発揮する同盟者となるのは、そのそれ以上のものによる。というのは、〔単なる〕生存以上のものに関わる生を展開させる人間は、戦いに生存以上のものが関わることを確信しなければ、奮闘しえないからである。それゆえ、契約の箱の神は、近代において「士気」と呼ばれるものの源泉なのである。

Ⅱ

もし、宗教がこの文化宗教以上のものでないとしたら（また実際に、キリスト教時代においてさえしばしば、それは文化宗教でしかない）、あらゆる宗教的生が本質的に多神教的であることを認めざるをえないことになろう。契約の箱の神々は、戦いを一層恐ろしいものにする。そうした神々は、敵対者それぞれに、自分自身よりも偉大な何者かのために戦っているという確信、したがって正当とされる激しい憤りと残酷さにつながるような確信を付与するからである。しかし、この憤りを生み出す契約の箱の神の他ならぬその両義性が、怒りそのものの彼方を指し示してもいる。これが、あらゆる高度な多神教に含まれている初期段階の一神教である。おそらく、その最適な象徴は、特定の民族の神がたいてい、世界の創造者でもあるという事実である。換言すれば、その神は実のところ、あらゆる生命の創始者であり、それゆえ特定の民族に縛られていない。この純粋な一神教を豊かに展開したのが、イスラエルの預言者たちの業績であり精華であった。

ダビデ（あるいは、少なくともダビデの宗教的ありようを解釈した祭司文書記者）は預言者たちに合意していた。戦いの人であるダビデが戦いを止め、戦場の移動式天幕の代わりに契約の箱を収める神殿を建設することを決意した時、戦いに勝利をもたらしてきた同じ神は今やその性格を変えたように見えた。その神はダビデの手を止めた。ダビデは、神に対して神殿を建てるにふさわしくなかった。「あなたは……人々の血を流してきた」（代上二八・三）。ダビデは、命と命の争いにあまりにも深く関わりすぎていた。この時ダビデに語った神は、あらゆる歴史的闘争において対立する部分的で相対的な価値を超越する神であった。それは、アモスの口を通して次のように語った神と同じ神であった。「私にとってあなたがたは／クシュの人々と変わりがないではないか」（アモ九・七）。

実際、この神の声は、それまでとあまりにも異なり、その勧告はあまりにもそれまでとはかけ離れていたため、契約の箱の神とは全く異なる神ではないかと問うてもよいほどであった。ジュリアン・バンダ[1]はこう記している。「二つの神があり、両者の間には何の関わりもないことは明白である。ヴィラール元帥[2]がドゥナ[3]での夕べ、鐙を踏んで立ち、その剣で天を指して感謝をささげたその神は、トマス・ア・ケンピスが神の懐に抱かれて、あらゆる人間的勝利の虚しさを学んだ神と同じではない」。ダビデの不安な良心を通して語ったこの神は、預言者とイエス・キリストの神である。その神は、イエスが「なぜ、善いことについて、私に尋ねるのか。善い方はお一人である」〔マタ一九・一七〕と述べた神である。これが、「君主たちを無とされ……地を治める者を空しいものとされる」〔イザ四〇・二三〕神である。これが、その御前では、諸国民は「手桶の滴」〔イザ四〇・一五〕にすぎないような神である。この神は諸民族の支持者ではなく、その審判者であり救済者である。神は、われわれの至高の価値の神聖さではなく、その前では、「私たちの正義もすべて汚れた衣」であるところの「聖なる方」〔イザ六四・五〕である。この神と契約の箱の聖物との間に何らかの関係があるかどうかという問いは、ダビデの問題を分析するしばらくの間、先送りしておくことにする。

ダビデの問題とは、生の戦いに巻き込まれている人間が、そうした戦いを超越し、われわれの至高の価値に付随する罪を裁く神のために神殿を建設することができるのか、ということである。この問題に対する多様な解決策が、この章の冒頭に掲げた驚くべき聖句に示されている。第一の、そして最も明白な解決策は、最も満足度が低いものである。それは道徳的な解決であって、ある程度の情熱と美しさがないわけではない。ダビデは言った。わたしは神殿を建設するのにふさわしくないが、「わが子はまだ若く、経験もない」。神殿の建築は若者の純粋さに任せよう。若者の純粋さはまだ生の戦いに巻き込まれてはいない。神殿の建築は、戦いの中にある文明ではなく安定した文明に任せよう。これが道徳的な解決策である。それは、神の神殿建設にふさわしい者を見出そうとする。それは、近代の類似した例に照らせば、セクト的解決である。セクト的教会は通常、正統主義教会の会員は自分たちの教会に属するに値しないと抗議する。それゆえセクトは、完全に生まれ変わった会員を擁する新しい教会を樹立する。アメリカのプロテスタンティズムに流れるセクト的伝統は、アメリカ教会を全体としてこの解決策へと向かわせる傾向にある。この教会は、自らを次のような人々の集まりと見なす。すなわち、キリストの律法と神の意志によって生きようとし、そのようにして自らを教会建設にふさわしいものにしようとする人々である。

この古代の歴代誌には、この解決策の誤りが象徴的にものの見事に描かれている。ソロモンは確かに神殿を建設した。しかし、かれは実際のところ、ダビデよりもマシだっただろうか。ソロモンは、かつては「若く、経験もなかった」かもしれないが、もはや若くなくなったとき、それほど経験不足だったわけではない。ソロモンの治世はダビデの治世よりも戦いは少なかったかもしれない

(1) Julien Benda (1867-1956). フランスのユダヤ人哲学者、小説家。
(2) Claude Louis Hector de Villars (1653-1734). フランスの軍人・政治家。
(3) スペイン継承戦争の激戦地。

が、その安定はダビデの数々の勝利に基づくものであった。加えて、その安定は不正によって損なわれた。ヤロブアムに率いられた反乱は、「あなたの父上は、私たちに過酷な軛を負わせました」〔王上一二・四〕という告発とともに、ソロモンの子レハブアムに向けられたのではなかったか。ソロモンがシェバの女王に良いところを見せようとした高慢さについては言うまでもないが、かれの治世はその豪奢な安定のために重い代償を支払った。その代償は過酷な課税であった。人々を不安にさせたのは、神殿の建築自体が税の負担を増すかもしれないということである。安定した平和な社会はたいてい、原始的で好戦的な共同体よりも高い文化を有する。しかし、ソロモンの時代から今日に至るまで、文化と不正には人々を不安にさせるような関係がある。ソロモンの贅を尽くした建築計画は、現代の大都市総合施設で催されるグランド・オペラと同じ文化の範疇に属する。そこでは、偉大な芸術は主として「ダイアモンド・ホースシュー」(4)に鎮座する誇り高き富豪たちによって支えられている。こうした企てを支える金の力が、どれほど貧しい人々を犠牲にしてきたか測り知れない。たとえば大学のような、それほどあからさまに金持ちの遊び道具のように見えない文化施設にさえ、経済的不公平との穏やかならぬ関係がある。そうした施設の基金は、金持ちの食卓から落ちるパンくず〔ルカ一六・一九―三一参照〕から集められてきたのである。

　文化と社会的不正との間にはきわめて密接な関係があるが、その問題を解決した文明はなかった。エジプトやバビロンやローマの偉大な文明はすべて、社会の安定性や文化の洗練度の点では原始社会に優っていた。しかし、それらはすべて、社会的正義という特徴においては原始社会に劣っていた。さらに、原始社会の無政府状態は剣によって造られたが、それに劣らず文明の平和は剣に依拠していた。

ダビデに対するソロモンの優位性の怪しげな性格には、アメリカにとって注目すべき教訓が含まれている。アメリカは比較的小さな努力によって全大陸を支配するようになり、その結果、ある帝国的衝動がオレゴンやカリフォルニアやテキサスの征服を引き起こしたことを忘れがちである。それは、ソロモンに先行してダビデがいたことを否定もしくは忘却しているソロモン的文明である。アメリカがその過ちを犯しているにせよ、そうでないにせよ、アメリカ国家の営みは、戦いの中にあるヨーロッパの国々と自らとを比べながら、独善的な傲慢へと絶えず誘われている。アメリカは、権力の競合や命をかけた戦いが公然となされる文明よりも、測り知れないほど自らが優れていると感じている。しかし、戦いが隠れたかたちでなく公然となされる文明のほうが、通常は自己欺瞞が少ない。それは、ダビデの良心がソロモンの良心より繊細であったのと同様である。

この教訓は、アメリカにとってだけでなく、アングロサクソン世界全体にとって明白である。アングロサクソン諸国は自分たちより好戦的な大陸の諸国家を裁くことにおいてファリサイ的になりがちである。それはちょうど、あらゆる国家の特権集団が、現状の「法と秩序」を破壊しかねない

（4）ニューヨークのパラマウント・ホテルの地階にあった高級ナイトクラブ Billy Rose's Diamond Horseshoe のこと。

不遇な集団に道徳的に口やかましいのと同様である。かれらは、平和主義がどれだけ次のような国家や階級の贅沢品になりかねないかを忘れている。すなわち、欲しいものをすでに手にしているゆえに、戦争によって新たな利益を追求するのではなく、平和の名において自らの特権を擁護するような国家や階級の贅沢品である。誠実な宗教的訓練によって歴史における戦いを超越し、自らを神の神殿にふさわしいものとしようとするような平和主義はある。しかし、そのような純粋な宗教的平和主義は比較的稀である。それはまた、ダビデがそれによって文明を安定させた、文明の中にある権力に寄生することさえある。

要するに、人間が人間の実存による戦いから完全に自由になり、われわれがそのもとで「あらゆる人間的勝利の虚しさ」〔ジュリアン・バンダ〕を学ぶその神に献げる神殿を建築するにふさわしい者になることができる方法はない。道徳的な努力によって神の教会を建てるすべはない。

Ⅲ

神殿は、ソロモンの高潔さによってではなく、ダビデの不安な良心によって建てられたというのが実態であった。教会が造られるのは、ファリサイ派の義によってではなく、徴税人の悔いた心によってである。また、純粋な高潔さが生み出す業績によってではなく、あらゆる人間の高潔さに含まれる罪深さを認めることによってである。この悔いた心は、いかなる人間的高潔さとも同一視されえない超越的神への信仰の賜物である。ダビデのものとされる次の祈りにはこの神への信仰が美しく表現されている。「威厳と力と勝利はあなたのもの。われらは寄留者であり、滞在者にすぎません。私たちは消えゆく影のようなものです」〔代上二九・一一、一五節参照〕。ここには、神の前での人間の被造性の認識と「あらゆる人間的勝利の虚しさ」がある。それは、聖化された人間の理想以上のものである教会のどの営みにも入り込むべきものである。ソロモンでさえ、神殿を献げる時の祈りの中で、真の教会について何ほどかを認識している。「天も、天の天も、あなたをお入れすることはできません。まして私が建てた神殿などなおさらです」〔代下六・一八〕。教会は、自らの特有な善を誇ることができる人々の集まりではない。教会はむしろ、永遠の神によって語りかけられ、その永遠の言葉にヨブの次のような悔い改めによって応答する人々の集まりである。「私は悟っていないことを申し述べました。私の知らない驚くべきことを。……それゆえ、私は自分を退け、塵と灰の上で悔い改めます」〔ヨブ四二・三、六〕。

人間の悔い改めは教会の人間的基礎である。しかし、それを完成させるのは神の恵みである。ダビデに神殿を建てる権利を与えなかったその神は、ダビデに驚くべき慰めの言葉を与えた。「あなたは私の名のために神殿を建てようと志していた。その志は立派である」〔代下六・八〕。人間は時間と空間の動物であり、その理想はことごとく、その時間的存在から生じる利害の影響を受けている。人間は、自分自身の理想という契約の箱に従っている。しかし、永遠の神が人間に語りかけるとき、人間はその契約の箱を超越する神殿を建てるふりをしてきた。人間は、自分の真理を超える真理や自分の善を超える善の可能性を見ている。人間は、永遠なるものを観想はするが、それに名前をつけることはできない。それに名前をつけようとすると、人間はまたもや、自分自身の有限な視点を取り入れた名前をつける。人間は、キリストが自分だけの所有物であることを露わにするようなイメージを描かなければ、キリストを拝することさえできない。イグナティウス・ロヨラは戦士でもあり修道士でもあったが、そのキリストは、戦士と修道士とが組み合わされた姿であった。アシジのフランシスコは純粋な禁欲主義者であったが、そのキリストは純粋な修道士であった。グレゴリウス七世は皇帝でもあり教皇でもあったが、そのキリストは半ば皇帝であり半ば教皇であった。とはいえ、これらの者たちはいずれも、何ほどか永遠についての洞察力を持っていた限りにおいて、キリストがかれらそれぞれの善さを超えているという、不穏な感覚に困惑してもいた。

教会は、人間社会において、人々が永遠の神の言葉によって困惑し、人間の野望に裁きが下されるような場所である。しかし教会は、「その志は立派である」という憐れみや和解や慰めの言葉が聞かれる場所でもある。ここにおいて、人間の不完全性は、破棄はされないが克服される。ここにおいて、人間は罪人であり続けるとしても、その罪は神の憐れみによって克服される。人間を、あらゆる者がそこに拠って立つ部分的で有限な歴史から引き上げることができる教会はない。「効力ある恩寵」〔efficient grace〕[5]を約束するあらゆる教会の見解は罠であり妄想である。それは、人間が人間であることを止めさせ、神の国に早まって入れさせるものである。教会は神の国ではない。人間社会において教会は、神の言葉を通して神の国があらゆる人間の企てに影響を与え、神の裁きを受け入れた人々に神の恵みが提供されるような場所である。

Ⅳ

神殿と契約の箱に関して記録されるべき、もう一つの重要な事実が残っている。契約の箱は神殿の中に置かれていた。戦いの神の象徴は、ダビデが血を流したことを断罪した平和の神に献げられた神殿の中に安息の場を見出したのである。イスラエルの最高の神聖な義務を超越するとともにそれを神聖なものとした契約の箱の神は、神殿の神に屈服したが、その礼拝から完全に除外されたわけではなかった。預言者たちはそれよりももっと厳格であった。預言者たちにとって、特定の民族の神々は悪霊であった。永遠なる神は、これらの神々に立ち向かったのである。しかし、契約の箱は神殿の中に安息の場を見出した。その違いは、祭司的宗教と預言者的宗教の間にある。預言者的宗教は祭司的宗教よりも厳格である。それは、あらゆる人間の欺瞞に対して永遠の「否」を突きつける。一方、祭司的宗教は、あらゆる人間的価値において永遠を指し示すものを認識し評価する。

（5） 神の救いの恵みは単なる可能性ではなく、神自身の業が完成される事実として与えられており、信仰や善き業はすべて神の恵みと意志によるものであって人間の自由意志によるものではない、というカルヴァンの主張。『キリスト教綱要』第二篇第三章六―一四節参照。

祭司は、永遠なる目的の光に照らして人間の活動の意味を把握する詩人である。祭司にとって、人間の諸活動は神の意志を否定するのではなく、部分的に成就するものである。祭司は、「私よりも父や母を愛する者は、私にふさわしくない」〔マタ一〇・三七〕とは言わない。むしろ、家族生活にサクラメンタルな性格を与える。祭司は、家族の間に実現する愛を、より完全な愛のしるしと見なす。その意味で、イエスは、次のように告げるとき、預言者であるだけでなく祭司であった。「このように、あなたがたは悪い者でありながらも、自分の子どもには良い物を与えることを知っている。まして、天におられるあなたがたの父は、求める者に良い物をくださる」〔マタ七・一一〕。すなわち、不完全な人間の業であってもそれは、永遠なるものの象徴でありサクラメントなのである。祭司は、たとえ国家が神の位置を簒奪し、自らをあらゆる意味の中心とし源泉とする可能性が常にあるとしても、人間が自分の国を愛することを非難しない。祭司は、自分自身よりも偉大な大義への人間の献身の中に、人間よりも偉大な大義に優る偉大な神への信仰と献身の可能性を見る。

祭司と預言者との間に、すなわち、契約の箱を神殿の中に取り込む信仰と、契約の箱の神を悪魔と見なす信仰との間に、完全な妥協に至る道はない。あらゆる人間の霊性にある両義的な性格がこの道を不可能にする。全体として、祭司の宗教は預言者の宗教よりも危険である。祭司は、契約の箱を神殿の中に安置し、契約の箱の神を永遠の神と見なすよう人々を唆す。契約の箱が神殿の中にあり、神殿の霊気とその広大な次元が契約の箱の重要性を一層高めるように見受けられるとき、人々は一層、契約の箱を永遠の神と見なそうとする。かくしてキリスト教会は、永遠の神へのその表面的な献身とは裏腹に、きわめて頻繁に、契約の箱とともにある神殿となる。教会堂に掲げられる国旗はその事実を象徴する。しかし、たとえその象徴がなかったとしても、契約の箱は実際そこに存在する。多くの教会は、神の国よりも自らの国の営みの独自の理想に気を取られている。神の国の光に照らせば、それらの理想は狭量で罪深いものと見なされる。それゆえ、預言者の言葉には常に耳を傾けなければならない。預言者は、あらゆる人間的な善を神殿から追放する偶像破壊者である。神殿の中で聞かれるべきものは永遠の神の言葉のみであり、それはすなわち、人間の罪に対する裁きの言葉と罪人に対する憐れみの言葉である。

しかし、預言者の断固とした言葉は、人間の企ての両義性を不当に扱うことにもなりかねない。その両義性は不誠実と欺瞞の源泉であるかもしれない。しかしそれは、人間の歴史におけるあらゆる真正な創造性の源泉でもある。契約の箱の神は決して純粋な悪魔ではない。人間的善は決して単なる欺瞞ではない。人間的善がそれ自体を超えることは、その罪の根でもあり、神の子としての人間の運命の証拠でもある。人間は永遠の下にあり、また、永遠の中にある。人間の想像力は永遠の善を展望することによって活力を得る。そのようにしながら、人間は絶えず、自らの不完全な善に偽りの神聖さを付与するという罪と、自分が所有するものよりも高い善を求める真正な創造力の双方に関わっている。

それゆえ、預言者たちが何を言おうとも、ダビデ王のような王が常に存在することになる。それどころか、そのような王たちがいなければ、歴史は存在しえないだろう。かれらは実際のところ、あらゆる人間的企ての創始者である。その多くはダビデの不安な良心を持ち合わせていない。かれらの宗教が、契約の箱への献身を凌駕することは決してない。しかし、永遠なる方の言葉を聞き、高度な洞察に達したときに、「われらは寄留者であり、滞在者にすぎません。私たちは消えゆく影のようなものです」〔代上二九・一一、一五節参照〕と告白する者たちでさえ、それを理由として、今日と明日の責務を果たすことを止めることはできないのである。

アメリカには、その単純な契約の箱の宗教にもかかわらず、ダビデが経験したことを正確に理解した一人の政治家がいた。エイブラハム・リンカーンである。リンカーンは、北軍に、また、奴隷制廃止という大義に身を献げていた。〔奴隷制廃止より〕北軍のことを優先していたとしてもそうなのである。北軍と南軍の多様な理想について語りながら、リンカーンは次のように述べた。「南北どちらも同じ聖書を読み、同じ神に祈り、それぞれが相手に対抗するために神の助けを求めている。どちらの祈りも応えられないであろう」。ここに、南北の理想主義を超越する神の意志についての認識がある。スティーヴン・ヴィンセント・ベネ(6)は、このリンカーンの洞察を次のような忘れ難い言葉で表現した。

かれらは、わたしのところに来ては神の意志について語る、
正当な代表者や小隊として、
来る日も来る日も、信徒も牧師も。

かれらは、「二〇〇〇万の魂からの祈り」を記してよこす、
わたしを神の意志やホレス・グリーリー[7]の意志とみなして。
神の意志は、この将軍、あの上院議員の意志である、
神の意志は、これらの哀れな黒人たちの意志である、
これは、シカゴの諸教会の意志である、
これはこの男の意志であり、その最悪の敵の意志であると。
しかし、これらすべての者は、自分たちが神の意志を知っていると確信している。
それを知らないのはわたしだけだ。

しかしながら、わたし自身の義務に関して、神がまごうかたなくその意志を
人に伝えられるに違いないとするならば、
こう考えられよう。すなわち、神はそれを直接わたしに示される。
とりわけ、わたしが真に熱心に神の意志を知りたいと願う時には。[8]

（6） Stephen Vincent Benét（1898-1943）. アメリカの詩人、作家。

（7） Horace Greeley（1811-1872）. アメリカのジャーナリスト、政治家。

（8） ［原注］ From *John Brown's Body*, p. 213. Published by Farrar and Rinehart, Inc. Copyright, 1927, 1928, by

しかし、リンカーンがその最良の洞察に従って道徳的判断をすることが、神の不可解さについてのこの宗教的洞察によって阻まれることはない。かれは、第二期大統領就任演説でこう続けている。「他人の労苦からパンを搾取しようとする際に、正義の神に助けを求めるべきだというのは奇妙に見える」。これは純粋に道徳的判断であり必要な判断である。これこそ、われわれの知る至高の道徳的理想——この場合はあらゆる人間の自由という理想——への献身である。しかし、リンカーンは直ちにもう一つの次元に立ち返ってこう述べる。「しかし、自分が裁かれることはないなどと判断しないようにしよう」。道徳的理想主義と、あらゆる人間の理想が不完全であることについての宗教的認識とが、これ以上見事に織り交ぜられている例はめったに見出しえない。リンカーンが次のように表現した感動的な寛容さは、そのような道徳的で宗教的な生からこそ生まれるのである。「何人にも悪意を抱かず、すべての人に愛をもって、われわれが携わっている務めをやり遂げるべく努力しよう」。これこそが、契約の箱は神殿から取り除かれないが、神殿のほうが契約の箱よりも重要であるような宗教である。残念なことに、キリスト教会が、どうにかしてでも、そのような完全なかたちで契約の箱を神殿と関連づけるのはごくまれである。しかし、ダビデと同様にリンカーンの例はその可能性を示している。

Stephen Vincent Benet.

4　四〇〇人対一人

しかし三年目になってのことである。ユダの王ヨシャファトが、イスラエルの王のもとに下って来たとき、イスラエルの王は家臣たちに、「お前たちは、ラモト・ギルアドが我らのものであることを知っているだろう。それなのに、我々はアラムの王の手からそれを取り返そうともしないでいる」と言い、ヨシャファトに、「私と一緒にラモト・ギルアドへ戦いに行っていただけませんか」と呼びかけた。

ヨシャファトはイスラエルの王に、「私とあなたは一つ、私の民とあなたの民は一つ、私の馬とあなたの馬は一つです」と答えた。さらにヨシャファトはイスラエルの王に、「どうかまず主の言葉を伺ってみてください」と言った。そこでイスラエルの王は、約四百人の預言者を集め、「私はラモト・ギルアドに戦いに行くべきだろうか、それともやめるべきだろうか」と尋ねた。彼らは、「攻め上ってください。主がこれを王の手に渡されるでしょう」と答えた。

ヨシャファトが、「ここには、私たちが主に伺いを立てることのできる預言者は、ほかにいないのですか」と尋ねると、イスラエルの王はヨシャファトに答えた。「もう一人、主に伺いを立てることのできる者がいます。しかし、私は彼を憎んでいます。彼は私について良いことは預言せず、悪いことばかりを預言するからです。イムラの子ミカヤと言う者です」。ヨシャファトが、「王様、そんなことを言ってはいけません」と言うと、イスラエルの王は一人の役人を呼び出し、「イムラの子ミカヤを急いで連れて来い」と命じた。

さて、イスラエルの王とユダの王ヨシャファトは、サマリアの門の入り口にある麦打ち場で、それぞれ王の衣を身に着けて王の席に座っていた。預言者たちは皆、二人の前で預言していた。その時、ケナアナの子ツィドキヤが鉄の角を作って、「主はこう言われる。『これをもってアラムを突き刺し、全滅させよ』」と言った。他の預言者たちも皆同じように預言して、「ラモト・ギルアドに攻め上って勝利を手にしてください。主はこれを王の手に渡されます」と言った。

ミカヤを呼びに行った使いの者は、彼にこう告げた。「預言者たちは口をそろえて王にとって良いと思われることを告げています。どうかあなたも、彼らの一人が言うように、良いと思われることを告げてください」。だがミカヤは、「主は生きておられる。私は、主が私に告げられることを語る」と言って、王のもとに行った。

王が、「ミカヤ、私たちはラモト・ギルアドに戦いに行くべきだろうか。それともやめるべきだろうか」と尋ねると、「攻め上って勝利を手にしてください。主はこれを王の手に渡されます」と答えた。王が、「何度誓わせたら、お前は主の名によって、ただ真実だけを私に告げるようになるのか」と言うと、ミカヤは答えた。「私は全イスラエルが、羊飼いのいない羊の群れのように、山々に散らされているのを見ました。主は言われます。『彼らには主人がいない。それぞれ自分の家に無事に帰らせなさい』」。

イスラエルの王はヨシャファトに言った。「私はあなたに言ったではありませんか。ミカヤは私について良いと思われることは預言せず、悪いと思われることを預言すると」。ミカヤは改めて言った。「よろしい。それでは主の言葉をよく聞きなさい。私は主が王座に座り、天の万軍がその右と左に立っているのを見ました。主が、『アハブを唆してラモト・ギルアドに攻め上らせ、アハブを倒す者は誰か』と尋ねられると、あれこれ言う者がいましたが、ある霊が進み出て主の前に立ち、『私がアハブを唆します』と申し出ました。主が、『どのようにしてか』と尋ねられると、その霊は、『私はアハブのところに行って、すべての預言者たちの口から偽りを言う霊となります』と答えました。主はそれに対し、『あなたは彼を唆し、きっとうまくやるだろう。行って、そうするがよい』と言われました。……」。

イスラエルの王は次のように命じた。「ミカヤを捕らえ、町の長アモンと王子ヨアシュのもとに引いて行き、『王はこう言われる。この男を獄につなぎ、私が無事に帰るまで、僅かな食べ物と僅かな飲み物しか与えてはならない』と命じよ」。ミカヤは言った。「あなたが無事に帰るなどということがあれば、主は私を通して語られはしなかったのだ」。

列王記上第二二章二―二八節

最も原始的な宗教は呪術である。呪術はまた、自然的また宇宙的力を人間の意志の側にねじ曲げようとする一種の粗雑な科学である。呪術が部族的多神教に取って代わられた時でさえ、宗教は、信者自身の心に最も近いところに栄光を帰し、また、目的の成功を確保する努力を続けてきた。しかし、最も原始的な宗教においてさえ、より高い目標を示唆するものはある。この目標とは、人間の意志を神の意志のほうにねじ曲げることであり、また、それぞれの性向がどのようなものであれ、人間がそれに従わねばならないような、生についての究極の真理を発見することである。宗教におけるこれら二つの対照的な動機は常に相争い、安定的平衡に達したことはいまだかつてない。最も程度の低い宗教であっても、決して、ひたすら世界を人間の願いのほうにねじ曲げようと努力しているわけではない。また、最高の宗教であっても、実際の活動においては、個人の意志を神の目的に従わせようとする誠実な目標に、自己栄化の動機を混入させている。

I

イスラエルとユダの王についてのこの生々しい物語について考えてみよう。イスラエルの王は戦いに赴こうとし、ユダの王の助けを切望していた。ユダの王は、イスラエルの王アハブと手を結ぼうとしていた。しかしユダの王は、その企てについてのかすかな不安を鎮めるために神の託宣を欲していた。彼は、「どうかまず主の言葉を伺ってみてください」と言った。ユダの王が主として、戦いの正しさに関心があったのか、それとも、その戦いが成功しそうなことに関心があったのか直ちにはわからない。しかし、王の同盟という利害関係によって告げられるのではない、公平無私の評決としての「主の言葉」をかれは考えていたことが間もなく明らかになる。イスラエルの王は、宗教に対して一層冷笑的な態度をとっていた。実質的にかれが言ったのは、「あなたは、この戦いについて、何らかの神の保証を求めているわけですね。喜んでそれを示しましょう。宮廷付きの四〇〇人の預言者がいますから、すぐに招集しましょう」ということであった。

四〇〇人の預言者、占い師、呪術師、また祭司たちが召集された。王はかれらに、ラモト・ギルアドとの戦いに赴くべきかどうかを訊いた。すると預言者たちは、戦いに行くべきであり、王の試みは成功のうちに終わるであろうと請け合った。「主がラモト・ギルアドを王の手に渡されるでしょう」。イスラエルの王は、このへつらいに満足できなかった。軍事的企てについての預言者たちの評決が全員一致していること自体がまさに、かれの心に疑惑の種をまいた。四〇〇人の預言者、賢者、説教者、学者、占い師たちが一つにまとまるというのは、あまりないことである。ユダの王はおそらくここで、何かやらかした者は報復を受けてきたのではないか、と疑ったであろう。結局のところ預言者たちはイスラエルの王宮お抱えの者たちである。ゆえに、それまでの、またそれ以後の多くの宮廷付きの者たちと同様に、かれらには王のおべっか使いとなる以外にあてがなかった。歴史上、王の道化師のほうが、王付きの聖職者よりも一層真の預言者となっていた時代があった。ユダの王はおそらく、特に、とりわけ扇動的な預言者であるケナアナの子ツィドキヤに怒りを感じたことであろう。ツィドキヤは王座の前を駆け回り、二本の鉄の角を持って、二人の王が勝利するであろうことを生々しく示したのであった。ツィドキヤはおそらく最初の講壇扇動者であっただろう。かれは、大衆の偏見をわがもの顔に繰り返すものの、そこに付け加えうるのは度過ぎた感情のみというような、いかがわしい活動に携わっていたのかもしれない。

ユダの王は、単純な要求をもってその疑いを示した。「ここには、私たちが主に伺いを立てることのできる預言者は、ほかにいないのですか」。言い換えれば、もう少しまともな預言者を手配できなかったのか、ということである。イスラエルの王は、「もう一人、主に伺いを立てることのできる者がいます。しかし、私は彼を憎んでいます。彼は私について良いことは預言せず、悪いことばかりを預言するからです」と答えた。イスラエルの王はおそらく、この非難が、ミカヤの真正性についてのどれほど素晴らしい推薦となっているかに気付いていなかった。しかし、それがユダの王には通じたのである。「王様、そんなことを言ってはいけません」とかれは答えたが、それは、「その預言者は、ひたすら真理を語ろうとするでしょう」と言いたかったのだと解釈できる。

いずれにせよ、イスラエルの王は、ヨシャファトの助力を得ることを切望していたので、かれを怒らせる危険を避けた。そこでミカヤを呼びにやった。ミカヤを連れてきた使いの者は申し分のない駆け引き上手だったので、ミカヤに実質上こう言ったのである。「二人の王は、サマリアの城門で王座にいまし、戦いに赴くべきかどうかを決めようとされています。王たちは、神に仕える者たちすべてに尋ね、かれらは声をそろえて戦いの道に進むよう進言しました。ということで、もしあなたの原則と矛盾するとしても、全員一致の評決を尊重してくださることをわれわれは望んでいます」。われわれはここで立ち止まって、王の使者たちが常に、あらゆる時代の預言者たちに、同じように慇懃に語りかけてきたことをよく考えるべきであろう。また、偽りの、単細胞な預言者たちが総じて、王の親切で優しい言葉に大いに感銘を受けてきたこともよく考えるべきであろう。教会は、まさにこの類の駆け引きによって権力者の都合へとねじ曲げられてきたのである。ヘンリー八世が自らイングランド教会の精神的支配者であると宣言したとき、御しがたいトマス・モアに対して、アハブの使者とまさに同じ論法を用いた。トマス・モアは顧問として、王に長い間誠実に仕えた。しかしかれは、神の教会を世俗の権威に従わせようとはしなかった。王は、教会の皆がその考えに同意しているのだから、モアが一人だけ反対を表明するのは無責任な気まぐれの罪に当たる、と述べた。しかし、主の言葉はしばしば、孤独な預言者によって最も権威をもって告げられてきた。そして、そのような預言者の言葉は、王と他の預言者たちに逆らうものであった。

ミカヤは、王の使者への答えによって、自分の勇気のしるしを示した。「主は生きておられる。私は、主が私に告げられることを語る」。偉大なる前八世紀の預言者たち（アモス、ホセア、イザヤなど）よりはるか前に、預言の崩壊の危機にどのように対処すべきかを知っており、また、神がかれに語るように与えた言葉の名のもとに、大胆にも王に逆らう預言者がここにはいた。王の禄を食み、王の気まぐれに調子を合わせていた初期の預言者たちは、みっともない烏合の衆であった。ミカヤがそのような者たちの中にいなければならなかったのに、王よりも高い権威に向けての義務をたいへんはっきりと自覚しなければならなかったことは、こびへつらうような宗教の領域から純粋な宗教が起ち上がる興味深い実例である。王の使者に対するミカヤの言葉は、「もう一人、主に伺いを立てることのできる者がいます。しかし、私は彼を憎んでいます。彼は私について良いことは預言せず、悪いことばかりを預言するからです」という、イスラエルの王の先の発言の意味を明らかにしている。

ミカヤがついに二人の王の前に立ち、ラモト・ギルアドとの戦いについての問いが突きつけられたとき、かれは他の預言者たちの言葉に同意するように見受けられたので、イスラエルの王を驚かせた。ミカヤは戦いを是認し、王の大義によって勝利を得るであろうと預言した。このような黙従に王はあっけにとられ、「何度誓わせたら、お前は主の名によって、ただ真実だけを私に告げるようになるのか」と言った。ミカヤは実際にはこう言ったのである。「わたしがあなたに真実を告げているのではないことも、また、他の預言者たちが嘘つきであることもおわかりでしょう。あなたは自分が確信している行動を示して、単に自分自身の意志を補強するために預言者を用いようとしています。しかしあなたは不安な心を抱えていて、これまであまりにも頻繁にあなたに同意してきた嘘つきの預言者たちによって安心することはできないのです」。そしてすぐさま、提案された戦いによってイスラエルに降りかかる恐ろしい災いの光景を描き出して見せたのであった。この反抗の結果、ミカヤは投獄された。そこは、多くの真の預言者たちがこれまで追いやられ、またこれからも追いやられる場所である。

Ⅱ

そのようにして、この初期の預言者とその危機についての生々しい物語は進む。この物語を分析するにあたって、「主の言葉」を知るために、神の人ミカヤに諮問した二人の王を比較することから始めるのが有益であろう。ユダの王を、人間の意志を神の意志に従わせようとする人間の欲求の象徴と典型であるとし、イスラエルの王を、究極的なものを人間の目先の目的に利用しようとする常なる誘惑の象徴とするのは、完全に正確なことではないだろう。しかし、二人の王には違いがあった。おそらく、われわれすべてにおいてそうであるように、それぞれの王の心の中で、宗教における両勢力[1]が葛藤したのであろう。しかし、イスラエルの王においては、宗教を実利的に用いることが主な関心であり、一方、ユダの王においては、より高次の誠実さが際立っていた。王たちはいずれも、宗教的関心の奇妙な混淆をあらわにしている。イスラエルの王は、預言者た

（1）　人間の意志を神の意志に従わせようとする力と、神の意志を人間の意志に従わせようとする力。

ちに、自らがなそうとしていることを正当化させようとしていた。しかしかれでさえ、あまりにもあたりまえに王の気まぐれと意志に自分たちの評決を合わせようとする預言者たちに完全に満足することはできなかった。宇宙的な力を人間の意志のほうにねじ曲げようとする宗教は少なくとも、人間の意志の支配に直ちには従わないような力があることを認めるであろう。そして、究極的な存在によって目先の目的を正当化しようとする宗教は、目先の目的は自らを正当化できないことを暗に認める。目先の目的は何らかの究極的なものとの調和的関係にあることが立証されなければならない。科学であろうが宗教または哲学であろうが、いかなる文化的力も、個別の理念——それが個別のものでしかないならば——に自らを売り渡すことは決してできない。王が聞きたいと思うことのみを語る預言者は、ずっと以前から、王の役にさえ立たなくなっているのである。これは、イデオロギーについてのマルクス主義の理論が常に把握できていない事実である。ニセ金は、何らかの本物のお金がなければ不可能である。そして、ニセの文化は、その文化的企ての中に誠実さという核がなければ自己破壊的なものとなる。

人間は常に、自分たちのしていることは神の意志や究極的真理や至高の善に適うものであることを証ししようとしてきた。しかし、それができるのは、人間自身の意志を超える意志があり、人間の知を超える真理があり、人間自身の善よりもよい善があるという前提に基づくことにおいてのみである。かくして、主として人間の諸目的の下僕である宗教でさえ、自らを超えるところを指し示す。ヘンリー八世が、偉大なる人文主義者であるジョン・コレットに、自らの軍事的冒険の一つの正しさを確信させようとした、その哀れなまでの切望をめぐる印象深い話がある。ヘンリー八世は多くの廷臣と聖職者を抱えていた。かれらは、王が引き受けようとするあらゆる大義について、王の良心の呵責をなだめることに余念がなかった。しかし、まさにその奴隷根性が、かれらを使い物にならなくした。そこでヘンリー八世は、自分の大義が正当なものであることを誠実な人間に納得させようとしたのであった。コレットとモアに対するヘンリー八世の関係は、アハブとミカヤの関係との著しい類似性を有している。

ユダの王が、預言者たちの満場一致の証言についていささかなりとも一層疑い深かったとするならば、それはまた、かれの心の中の宗教的勢力の葛藤を明らかにしている。かれは生来、イスラエルの王よりは誠実だったかもしれない。一方、かれがその誠実さを疑った預言者たちは、かれ自身ではなく、イスラエル王アハブに属していたことを忘れてはならない。おそらくそれが、かれの疑いの真の原因であっただろう。自分自身の偽善よりも他人の欺瞞を打ち砕くことのほうが常にたやすい。両国の関係にかくも奇妙な哀れさをもたらすのはまさにそれである。両国は、その隣人の偽善については皮肉な洞察をもって見抜いている。しかし、そのことが常に、すかさず自らの偽善者的な欺瞞を作り出す。両国がそれぞれ、こちらは相手よりも一層高い誠実さを持っていると、それほどまでに確信できる理由は、外から見て偽善に映ることは常に、内なる自己欺瞞でしかないということである。われわれが隣人を欺くのは、まず自分自身を欺いているからである。そして、この自己欺瞞には常に宗教的特質がある。われわれは、自分の意志が優勢になることを欲する。しかし、世界の永遠なる秩序と自分の意志とが対立するならば、自分の意志が優勢にならないことを知っている。そこでわれわれは、その同じ行為と思考において、自分の意志を神の意志に合わせ、神の意志を自分の意志に無理やり従わせようとする。この奇妙な欺瞞は他人によって見破られるのであって、自分自身で見破るものではないだろう。しかし、それを見破る他人も、自分のほうが道徳的に一層優れていると勘違いする。そうであるから、ユダの王も、イスラエルの王と同様に誠実ではなかったのである。

Ⅲ

神の言葉が純正であるかどうかは、ユダの王ではなくミカヤにかかっている。言い換えれば、あらゆる人間の宗教的欲求と野望とはかなり入り組んでいるので、純正な宗教と不純な宗教との間に絶対的に正しい区別を設けることはできない。しかし、神の言葉は人間に対して誠実に語られてきたことをわれわれは知っている。純正な神の言葉を人間が聞こうとしていたのかどうか定かではないときであってもそうなのである。

ミカヤは素性の知れない預言者であり、この物語で明らかにされたものを除いては、かれの「主の言葉」がいかなる源泉と規準を持つものなのかについては何もわからない。ゆえに、ミカヤの預言の深みについて明確に知ることはできない。しかし、二つの事実がはっきりしている。一つは、このような古い民族的宗教においてさえ、次のような深い宗教的真理が時に把握されることもあったということである。すなわち、神は、最高の社会的価値の単なる総量ではないゆえに、神の言葉はしばしば、共同体や王のためではなく、それらに抗して語られねばならないということである。それは、八世紀後半の預言者たちが練り上げた洞察である。そうして、かれらの宗教は民族の宗教であることをやめて超越的神の意志の啓示となった。その洞察は、あらゆる国家に対して、またそれに抗して語られたのである。ミカヤが、究極的な神の言葉と人間の偏見とを区別する何らかの適切な評価規準を持っていたのかどうかはわからない。おそらく持っていなかっただろう。われわれが知るのは、ミカヤは、神の言葉があることを誠実に信じ、自身がそれにとらえられていると感じていたということである。このようにして、ミカヤの預言者としての使命は、デュルケムやレヴィ・ブリュのように、宗教を純粋に社会的に解釈することの不適切さを証しするものとなっている。初期の文明における宗教は、民族的また国家的目的の賛美ならびに神聖化とさして変わりのないものであった。しかし、エジプトとバビロニアの大帝国にはいずれも、共同体の野心や王の野望にお墨付きを与えるのではなく、批判せずにはいられないと感じていた祭司や預言者たちがいた。かれらは、ミカヤがそうしたように、民族的で社会的な宗教の中にさえ見出されるべき純粋な超越の響きを表現していた。

ミカヤは、四〇〇人の中で、ただ一人の預言者であったことが認められなければならない。偽りの預言者に対する真の預言者の割合は、現在でさえそれほど増えてはいないだろう。キリスト教会が、主イエス・キリストの父である神の啓示を有しているとしても、そうなのである。神は明らかに、特定の国の神ではない。また、何らかの特定の大義と同盟を結ばされることもありえない。しかしながら、この啓示の真理に対抗する自然宗教の力は依然として強力であり、多くの教会のみならず、御言葉に仕える多くの者たちをも支配している。最も厳しく神の御心を尋ね求めることだけが、預言者が共同体の偏見と王たちの欲望を神の勧告と混同して、その混淆物を神の言葉として示すことを防ぐのである。

ミカヤについての第二の興味深い事実は、王に逆らって神の言葉を語るのには勇気が求められるということである。勇気というのは今でも、真の預言者を見分ける試金石である。預言者がみな投獄されるわけではない。しかし、かれらがみな罰せられる脅威にさらされることはある。この世界は、自らを究極の共同体として思い描くほどの大きさはあるものの、究極的価値の守護者と見なされるほどでもない大きさの共同体によって構成されている。これらの共同体の高慢と欺瞞は常に、真の預言に対する害悪となっている。王は時に、そのような共同体の単なる象徴であり、その高慢を明確に示す存在にすぎない。王はまた時に自ら高慢になり、共同体を犠牲にしてでもその高慢を美化しようとする。いずれの場合も、教会と御言葉の説教者には、そのメッセージを共同体とその指導者たちの必要と偏見と欲望に合わせるようにという圧力が常にかけられる。そのような圧力に対して預言者は、自らの勇気以外何も持ち合わせていない。

教会と国家との関係の問題は、自由な国家における自由教会という概念によって解決済みであると考える国家もある。しかし、いかなる念入りな原則もこの問題を解決することはできない。たとえば、アメリカに教会と国家との対立がないのは、このような原則によるものではなく、国家も教会も、偉大で不定形で、いまだ高度に表現されていない共同体〔神の国〕の中で十分に発展してこなかった、もしくは特徴づけられてこなかったという事実によるものである。しかし、アメリカという国が発展また拡大する一方で、その諸権力と教会は、それが祈る共同体以上の何かであることを次第に認識しなければならない。教会はキリストの体なのである。そしてキリストは、あらゆる国々の創り主、裁き主、また贖い主である生ける神の啓示である。そのような交わりは決して、いかなる国においても完全にしっくりくることはありえない。もしくは、国家の目的や野望に完全に適合することはありえない。キリスト教と国家との対立は、特に戦時において明らかになるだろう。しかし、その対立が軍事的時代以外の時において予測されていなければ、それは完全には理解されないだろう。あらゆる共同体において、表向きキリスト教的であろうがあるまいが、生得的で固有な自己栄化への傾向がある。国家的営みにおけるほど偶像崇拝への誘惑が大きいところはない。国家は個人よりはるかに大きい。それゆえに、国家は、自らが個人の神であると当然のごとく主張するのみならず、その主張の正統性をも当然のごとく個人に印象づけるであろう。

この国家という偶像崇拝は現代において、特に罪の非常に有害な形態となっている。現在の世界において、教会がそれと戦ってはならない場所などない。問題がはっきりとつながっている国もある。そのような国においては実際のところ、問題がつながっていないところよりも一層の明瞭さをもって神の言葉が語られている。(2) たとえばアメリカでは、キリスト教と「アメリカン・ドリーム」なる宗教とを一体で同一のものと勘違いしている神の預言者たちが依然として多い。これらの預言者たちは、「民主主義はキリスト教の社会的で政治的な表現である」と夢想し、王を廃した国は国家の高慢をも克服したのだと空想している。かれらは、人民という王〔king Demos〕が時にどれほど高慢になり、混乱し、残虐になるかを知らない。

したがって、人民という王に対抗して神の言葉を語るためには、勇気のみならず洞察力が要求される。錯覚は払いのけられねばならない。しかし、勇気は依然として預言の主要な試金石である。現在、真正な神の言葉が預言者を危機に陥れないような国家共同体はない。現代の共同体の王たちは、最もしばしば、一連の社会的対立においてラモト・ギルアドに戦いを仕掛ける財政的また産業的な少数独裁者である。ラモト・ギルアドとは常に労働組合である。少数独裁者たちはその宮廷に、アハブが自慢したのと同じ預言者たちと、危機に瀕した「法と秩序」を嘆く卑屈な宗教的祭司たちによる烏合の衆を有している。一方、資本主義国において、基本的正義のために戦う同じ労働運動が、ロシアにおけるように勝利を達成したとき、偶像崇拝的高慢において自らを表現し、あらゆる共同体と同様の混乱した傲慢な少数独裁者を生じさせる。現在のロシアにおける卑屈な祭司とは、スターリンに、かれが「裏切り者」を殺したことに感謝する馬鹿げた手紙を書くよう子どもたちに促す学校の教師たちである。

共同体の高慢とその少数独裁者たちの傲慢に抵抗してはならないと考えられる社会などない。ある少数者の利害の名のもとに、そのような抵抗を提案することが可能なときもある。しかし、決定的な抵抗は、あらゆる国が服従するところの神を知り礼拝する共同体からもたらされなければならない。時には、この神についての預言者の証しが、政治的少数者からの批判と共通のものになるかもしれない。その反逆の二つのかたちが結合することが、非常に必要で重要なものとなることも時にはあるだろう。しかし、それらは決して一体で同一のものではない。キリスト教会は、キリストにおける交わりでなければならないし、また、そうあり続けねばならない。キリストは、あらゆる社会的集団の強情と独善を裁く方である。

臆病と服従への誘惑に対して、ミカヤの英雄的物語は常に、勇気と霊感の一つの源泉となっている。キリスト教会の歴史は、高慢で傲慢な国家と支配者に対する、預言者や祭司たちの見苦しい服従で満たされている。しかし、そこに何らかの預言の閃きが残っている限り、「主は生きておられる。私は、主が私に告げられることを語る」と言う術を心得るミカヤたちがこれまでも教会にいたように、これからも存在することであろう。

（2）国家と偶像崇拝の問題が顕在化したナチス・ドイツに対する、カール・バルトらによる「バルメン宣言」などを想起していると思われる。

5　真の預言の評価基準

災いあれ、私の牧場の羊の群れを滅ぼし、散らす牧者に――主の仰せ。それゆえ、イスラエルの神、主は、私の民を牧する牧者についてこう言われる。あなたがたは、私の羊の群れを散らし、追い払い、顧みなかった。そこで、私はあなたがたの悪行を罰する――主の仰せ。しかし私は、群れの残りの者を、追いやったすべての地から集め、自分たちの牧場へ帰らせる。彼らは多くの子を産み、増える。私は彼らの上に牧者を立てて牧させる。彼らは二度と恐れることなく、おののくことなく、失われることもない――主の仰せ。……

預言者たちについて。私の内で心は砕かれ／骨はすべて震える。私は酔いどれのように／ぶどう酒の酔いが回った男のようになった。それは、主のゆえ／その聖なる言葉のゆえである。……

万軍の主はこう言われる。あなたがたに預言する預言者たちの言葉を／聞いてはならない。彼らはあなたがたを空しいものにしようとしている。彼らが語るのは自分の心の幻であって／主の口から出たものではない。彼らは私を侮る者たちに向かって／「平和があなたがたに臨むと／主が語られた」と常に言う。また、かたくなな心のままに歩む／すべての者に向かって／「あなたがたに災いは来ない」と言う。一体誰が主の会議に立ち、その言葉を見聞きしたか。誰が注意を払い、その言葉を聞いたか。

主の嵐が、憤りが吹き出る。暴風が巻き起こり、悪人の頭上で渦を巻く。主の怒りは、御心を行って／成し遂げるまで去ることはない。終わりの日に／あなたがたはこのことをはっきりと悟る。私は預言者たちを遣わさなかったのに／彼らは走る。私は彼らに語らなかったのに／彼らは預言する。もし、彼らが私の会議に立っていたなら／私の民に私の言葉を聞かせ／彼らを悪の道から、その悪行から／立ち帰らせたであろうに。……

夢を見た預言者は夢を語るがよい。私の言葉を受けた者は私の言葉を真実をもって語らなければならない。わらと穀物に何の関わりがあろうか――主の仰せ。このように、私の言葉は火のようではないか／――主の仰せ。また、岩を打ち砕く槌のようではないか。それゆえ、私は互いに私の言葉を盗み合う預言者たちに立ち向かう――主の仰せ。私は自分たちの舌を用いて「仰せ」と告げる預言者たちに立ち向かう――主の仰せ。今、私は偽りの夢を預言する者たちに立ち向かう――主の仰せ。彼らはそれを語り、偽りと気まぐれをもって私の民を惑わしている。私は彼らを遣わさず、彼らに命じもしなかった。彼らはこの民にとって何の役にも立たない――主の仰せ。

エレミヤ書第二三章一―三二節

ある者が神の名によって語り、「主はこう言われる」とそのご託宣に前置きするとき、その者は、愚か者か、信用ならない悪党か、さもなければ預言者である。その者がそのいずれであるかをどのようにしたら知ることができるだろうか。どのようにしたら永遠の言葉を判定できるだろうか。また、どのようにしたら、ある時代の偏見や、ある者の愚かな意見が、神の知恵を偽装して不当に並べ立てられているときに、それを識別できるだろうか。宗教の歴史は、愚か者と悪党両者の壮大な物語に満ちており、現在の精神科病院には、自分が救世主であると考える、精神を病む不幸な人々が今も一定数いることに変わりはない。どのような基準によって、相争う救済者たちと預言者たちの対立する主張における真理と偽りとを見極めることができるのだろうか。

預言者エレミヤは偽預言者の問題にたいへん関心を寄せている。かれは繰り返しこの問題に取り組んでいる。エレミヤが提示している預言の真偽を見分ける評価基準は徹底していないかもしれない。これは簡単に徹底しきれない大きな問題である。しかし、エレミヤの提示する評価基準は重要で説得力がある。エレミヤは、同時代の一部の預言者たちを、「彼らが語るのは自分の心の幻であって／主の口から出たものではない」と糾弾する。しかし、これは偽りの預言を説明しているにすぎない。偽りの預言は、全く個別的で部分的な判断を究極のものとして重視するのが常である。問題は、この偽りの要素をどのように見抜いたらいいのだろうか、ということである。エレミヤの答えは、偽預言者は民に偽りの安全を提供することで本性を現すものだ、というものである。「彼らは私を侮る者たちに向かって／『平和があなたがたに臨むと／主が語られた』と常に言う。また、かたくなな心のままに歩む／すべての者に向かって／『あなたがたに災いは来ない』と言う」。偽預言者は、おのれの性向を生の法則とし、それによって神を侮り、神に反抗する人々に安心を説く。預言が偽りとなるのは、安全を勝ち取るために生の法則を無視するような生き方が、それが達成しようとするものを破壊してしまうからである。偽りの預言の特徴は、それが、罪深い野心という条件の範囲内で罪人に平安と安全を保障することである。真の預言には、罪人に真の生の法則を啓示する役割がある。また、不安な世界の中で自己を確立するために生の法則を欲しいままにすることで、どれほどかえって自らの不安を増大させてしまうかを、その罪人の見えない目に示す役割がある。

I

人間の精神の最も基本的な要求は安寧の要求であり、宗教の最も根本的な課題はこの要求を満たすことである。真の宗教にあっては、存在の究極的な意義への信仰が人間精神の最終的な安寧である。それは、自然の秩序の気まぐれや偶然を超越し、人間の罪によって作り出された混沌を克服することのできる神に基礎を置く信仰である。偽りの宗教にあっては、この最終的安寧が未熟なまま割り当てられ堕落させられる。ゆえに、それは罪における平安を保証するが、罪の赦しを経ることはない。この区別の重要性を理解するためには、人間の企ての、危険にさらされている本質全体を分析する必要がある。

人間の不安は何よりも、自然界の広大さと自然の気まぐれのただ中にある人間存在の、すでに決められている有限な性格の中に存する。人間は、神の御手の業なる大空と、神が据えられた月や星を仰ぎ見る時、自分が取るに足らないものであるという感覚に圧倒される。「人とは何者なのか、あなたが心に留めるとは」〔詩八・五〕。夏の暑さや冬の寒さ、気まぐれな嵐、また同様に予測不可能な見えない病原菌の攻撃などは人間の命を滅ぼしかねないものである。当然、自然の秩序の危険に加えて社会秩序の危険もある。人間はいつ何時、仲間の強欲や残虐さや分別なき激情の餌食になるかわからない。戦争の猛威がその命を奪うこともある。パウロのように、人は「荒れ野での難、海上の難、偽兄弟たちからの難」〔二コリ一一・二六〕に遭う。人間は、自らの存在に意味があるという感覚がなければ生きることができない。それゆえ、意味に対する人間の確信は、絶えず人間を呑み込もうと脅かす混沌によって危険にさらされている。その混沌を示すのは、人間の存在意義や希望や夢などを全く考慮に入れないように見える自然の気まぐれな力であろう。シラーの言葉を用いれば、「自然の力は人間の手によって造られたものを憎む」のである。[1] あるいは、混沌は人間社会の罪深い力から湧き起こるのかもしれない。というのは、あらゆる人間社会は、対立する利害と感情の暫定的な和平と不安定な休戦状態以外の何物でもないように見えるからである。

こうした危険の結果として、安寧の要求は人間の生の基本的な要求である。わたしは、自分の少年の頃のある経験がいかに素晴らしかったかを思い出す。われわれは、近づく嵐の前兆の雲が見えた時、納屋に向かって一斉に走った。間もなく強風と篠突く雨の音が聞こえたが、われわれは辛うじて納屋の軒下の干し草の山のもとで安全に濡れないで過ごすことができたのである。この経験には実際に宗教的意味が含まれていた。安全な避難所となった納屋は、暗く、荒れ狂う諸力に対抗するあらゆる安全の象徴のようであった。堅信礼クラスで暗唱される詩編記者の言葉は、そのことの思いもかけない鮮やかな関連を示していた。「夜、脅かすものも／昼、飛び来る矢も／あなたは恐れることはない。闇に忍び寄る疫病も／真昼に襲う病魔も。あなたの傍らに千の人が／あなたの右に万の人が倒れようとも／その災いがあなたに及ぶことはない」〔詩九一・五―七〕。ついでに言えば、この詩編の言葉は、究極的な宗教的信仰から生じかねないあらゆる幻想の完璧な実例である。究極的な安寧への信仰が、あらゆる目前の危険から守られることを示唆する象徴的な言い回しで表現されるとき、神の子〔キリスト者〕は、自然界の気まぐれな力から特別に保護されるか、もしくは、怒り狂う人々の悪意ある感情から特別に免れるという幻想を抱きがちである。そのような信仰はいずれも幻滅を味わうことになる。また、道徳的尊敬を受ける価値もない。

死すべき存在のさまざまな栄枯盛衰に対するストア哲学的な無関心のほうが、全能者の法廷で、通常の人間や神を信じない者には与えられていない特別な愛顧を求めて涙を流しながら嘆願することよりはましである。高潔な信仰が与える究極的な安心は、「万事が共に働いて益となる」(ロマ八・二八)という確信のうちにある。しかしそれは、万事がそれ自体益であるということではないし、信心深い者が、それ自体善ではなく悪である栄枯盛衰を免れるだろうということでもない。神を知り愛する者が理解しているのは次のことである。すなわち、生の意味は、歴史の一時的な混乱にも、無目的で道徳的に無関心な自然の力と人間との奇妙な関係から生じる、混沌と無意味の絶え間ない脅しにも屈しない偉大で善なる力に根差しているということである。パウロはこのような思想をローマの信徒への手紙の壮麗な次のような言葉で鮮やかに表現している。「私は確信しています。死も命も、天使も支配者も、現在のものも将来のものも、力あるものも、高いものも深いものも、他のどんな被造物も、私たちの主キリスト・イエスにある神の愛から私たちを引き離すことはできないのです」(ロマ八・三八―三九)。起こりうるあらゆる危険や悪は予測されている。――そして織り込み済みである。なぜなら、神の愛が生に意味を与えるという信仰を、危険や悪が損なうことはないからである。

(1) フリートリッヒ・シラーの詩「鐘の歌」より。ニーバーはゲーテの言葉としているが、シラーの誤りではないかと思われる。

Ⅱ

人間の罪は、自分自身の安全を確立しようとする努力から生じる。そして、偽預言者の罪は、その偽りの安全を信仰の究極的な安心に盛り込もうとする努力の中にある。あらゆる人間が惹きつけられる偽りの安全は力によるものである。人間の生の基本的な不安は、その脆弱性と有限性から生じる。人間は、人間より広大な力に翻弄されるか弱い小さな昆虫のようなものである。人間は、武装した残忍な人間の餌食となる無防備な動物である。人間は自らの弱さを強さに変えるべきだということよりも当然なことはあるだろうか。自然の憎悪を寄せつけず、人間の敵を怯えさせるだけの力を欲するべきだということより当然なことは何だろうか。われわれが力の必要性を認め、平和主義的な道徳的教化によって力に異議申し立てをすることをやめようとするのは、きわめて当然のことである。武装した敵に囲まれた無防備な国家は、ある種の動物のように無防備が最良の防衛でもあることを当然のことと見さない限り、自然の生存衝動に従って防衛のために自ら武装するであろう。しかし、無防備の防衛が賢明だとしても、国家は、その逆説的な戦略から自己義認的な結論を引き出すこともできなければ、あらゆる人間や国家が責任を問われずにその戦略を採用することができると思い描くこともないだろう。

また、自然に対する人間の勝利がそれ自体悪であるというわけでもない。文明の歴史全体は、人間が、その次第に増大していく影響力によって、自身の目的のために自然の諸力を搾取してきた壮大な物語である。火を盗んだプロメテウスは人間の物語の真の英雄である。あらゆる技術の進歩は、脆弱な人間の肉体を強化する効果をもたらしてきた。人間の眼は、今や星を調査することができるし、人間の声は地の果てにまで届く。人間の足は信じられないほど速い車輪に変えられてきたし、鳥の羽は人間の能力に加えられてきた。自動機械は人間の手の器用さを増進させてきたし、動力機械は、脆弱な人間の肉体に巨人一〇〇〇人に匹敵する力を与えてきた。これらの技術上の進歩には、古い危険を新しい危険に置き換えてきたものもあるが、この進展全体の有益な結果について、それを否定するような天邪鬼はいない。医学がそこに加えられているならば、とりわけそうである。医学を通して、人間の体は、「真昼に襲う病魔」〔詩九一・六〕や、人間の肉体を悩ませてきたあらゆるひそかな健康の敵から防御されていることに気づかされたのである。

Ⅲ

権力による安全を得ようとする衝動がいかに当然で不可避なものか、また、権力はその欲する目標をいかに首尾よく達成するものかということについてよく考えてみると、「あなたがたに災いは来ない」とか「平和があなたがたに臨むと、主が語られた」と保証しながら、この権力による安全に信頼するよう人々を誘導する多くの偽預言者がいるということは驚くに値しない。かれらの預言はなぜ偽りなのだろうか。それは、偽預言者たちが、権力の安全がどの程度まで不正と高慢を引き起こすかを知らないからである。

あらゆる権力は高慢と不正とを引き起こす。その高慢とは、「私を侮る者たち」の高慢であるが、それは、自分たちが被造者であって、自然を人間の敵とするのではなく、徹底して人間の奴隷にするだけの強さを持ち合わせていない、ということを忘れてきた者たちの高慢である。一方、その不正とは、他者の安全や自由を犠牲にして自らの安全を作り出す者たちの不正である。イスラエルの預言者たちが特に敏感であった高慢の罪は、預言者たちの時代よりも現代において一層明らかである。それにもかかわらず、高慢を認識し、それに異議申し立てする預言者は一層少ない。現代が本質的に無宗教的だとしたら、われわれの無宗教の基本的な要因は自己満足という感覚である。科学と技術の業績は、われわれを偽りの自己満足に陥れてきた。われわれは人間の脆弱さを忘れてきた。最も進歩した科学をもってしても、いかなる老衰の薬も発見されえない事実をわれわれは見過ごしてきた。死の神秘が今もなお人間の高慢に挑戦するものであることを、われわれは考えてこなかった。人間は、その身体的強さが高められてきたにもかかわらず、今も変わらず、「朝には咲き誇り、なお萌え出づるが、夕べにはしおれ、枯れ果てる」草〔詩九〇・六〕のようなものであることを考えないできた。人間は依然として、「吐息のように年月を終える」〔詩九〇・九〕。この死の淵はしばしば、誇り高き近代人の前に突然口を開き、無意味さの危険が人間の安全を脅かす。これが、近代の無宗教の楽観主義と自己満足を繰り返し打ち破り、バートランド・ラッセルと共に、「揺るぎない絶望という確固たる基礎」[2]の上に意味の構造を打ち立てようとする悲観主義哲学の言わんとすることである。意味の究極的な感覚は自然を征服することで得られるものではない。というのは、多くの近代人たちよりも現実主義的なある医学の指導者の言葉を用いれば、「自然は人間の殺害を意図し、ついにはそれに成功する」からである。

権力の結果としての高慢が人間に与えるのは偽りの安全である。このようにして高慢は人間の不安を高める。このことは、個人としての人間と同様に集団としての人間にもあてはまる。現代文明は、その青年期に、一七世紀および一八世紀に流行した永遠の進歩の夢に騙されて、それ以前のどの文明よりもさらに早すぎる老衰に直面している。現代文明は、あらゆる文明が被っているように見える腐敗を抑えるために、人間の合理性の力に頼ってきたが、それが衰退の進行を加速させた。人間の理性は、自然の無秩序と罪を際立たせ、その結果生じる対立を一層厳しいものにしてきた。この結末には奇妙な皮肉が見られる。それは、人間の高慢の自己破滅的な性格のかくも鮮やかな描写である。そこに描かれているのは、人間の宿命の気まぐれで偶然的な性格をそれとなく意識している死すべき人間である。人間は、自らの理性を、自然の偶然性と対立する永遠的で普遍的な力であると考えている。しかし、その結果は、人間の理性が自己の内部の自然の情熱の奴隷であり、

(2) Bertrand Russell, *A Free man's worship, and other essays*, London: Unwin Books, 1976, Originally published as *The Free Man's Worship*, 1903 参照。

自己の周りの自然の気まぐれの餌食であることに変わりがないことに気づかされるだけである。世界史の中で現代史以上に、次の預言の言葉の意味を鮮やかに示すものはない。「人間の子は息のようなもの。人の子は欺き。秤にかければ／共に息よりも軽い。……一つのことを神は語り／二つのことを私は聞いた。力は神のもとにある、と」〔詩六二・一〇、一二〕。

不正は高慢と同様に、権力の不可避的な結果である。その被造性を乗り越え、自らを存在の中心に据えようとする生は、存在の中心であり源泉である神に背くだけでなく、全体の調和の中に正当な位置を占めている他の生にも背く。権力による安全は、権力を持たない人々にとっては不安を意味する。興味深いのは、預言者たちが、権力と高慢と不正の相互関係をいかに明確に見ていたか、また、高慢という宗教的罪への批判と、不正という社会的罪への批判とをいかに間違いなく結びつけていたかということである。現代の「社会的福音」の主導者は、預言者たちのように深い洞察を持ち合わせていないのが常である。かれらは、不正の罪にだけ目を向けるが、その源泉までは見ていない。王や皇帝、寡頭体制や貴族制の指導者、帝国や文明などはすべて、あらゆる人間の絶えざるこの罪を例証するものとなっている。それらは、有限性の不安を権力によって克服しようとして、罪がもたらすさまざまな不安に巻き込まれている。それらの権力は、他の生に対抗して自らを守ろうとするが、それによって他の生を破壊し抑圧するよう唆される。しかし、遅かれ早かれ、抑圧されている生には、正義もしくは報復の精神によって、彼らの弱さを補完する力が与えられる。エレミヤは、歴史のこの過程と帝国の興亡とを正確に描写して次のように簡潔に述べている。「ああ、自分は滅ぼされなかったのに、滅ぼす者よ。人に裏切られもしないのに、裏切る者よ。あなたは滅ぼし尽くしたときに滅ぼされ／裏切りを終えたときに裏切られる」〔イザ三三・一〕。

自然と罪がこの過程に巻き込まれているさまはいかにも奇妙である。なぜなら、人間の想像力は、自然が持つ無害な《生への意志》を罪深い《権力への意志》に変えてしまうからである。しかし、権力への意志は常に、自然が持つ生への意志の陰に隠れている。敵であるドイツへのフランスの報復的な圧迫は、純粋な恐れに駆り立てられたものであったが、それは、敵が立ち上がり、その強さを再び手にすることでフランスが滅ぼされないためである。しかし、この不正に対抗する報復の精神は、それによって敵が立ち上がる力そのものだった。それゆえ、実際敵がよみがえった今、その国ドイツは、永遠に難攻不落となるまでの力を獲得する夢を見ているようである。ドイツ人は、「永遠のドイツ」について宗教的な熱情を込めて語る。しかし、力を獲得しようとするその政策が全ヨーロッパを不安に陥れている。この不安において、ドイツの安全が相当程度確立される前にそれを滅ぼすさまざまな力があることにすでに気づいている者もいるかもしれない。「永遠の」ドイツは崩壊という妖怪に付きまとわれている。しかしそのゆえにこそ、ドイツは、その永遠性を途方もなく夢見て、それをかなり躍起になって確立しようとしているのである。

これが、不滅性を手に入れようとする人間や国家を罪が否応なしに巻き込む悪循環である。道徳主義者は、そのような事実の描写から次のような明白な結論を引き出すであろう。すなわち、国家は、個人が長い間学んできたこと、すなわち、集団安全保障体制のほうが、利害が対立する無政府状態よりましである、ということを学ばなければならない、ということである。そのような結論は正当であり必要である。しかしそれは問題の全体を解決するものではない。「私は確かな平和を、この場所であなたがたに与える」〔エレ一四・一三〕と語る偽預言者の中には、現実主義者もいれば道徳主義者もいる。現実主義者は、権力闘争を、生への意志の避け難い延長上にあるものとして大目に見る。よって、それは道徳的に許容されるとする。他方、道徳主義者は、そのような争いは明らかに自己破壊的であるゆえに、説得してそれを止めさせることはそれほど難しくないはずだと信じている。道徳主義的預言者は、現実主義的預言者ほど誤ってはいない。少なくとも道徳主義的預言者は、特定の時に特定の国家に対して「主はこう言われる」と語りかけることができる。それにもかかわらず、この道徳主義は偽りの預言である。その誤りは、ごく簡単に説明すれば、キリスト教神学の意味する《原罪》を理解しそこなっているということである。人間は、たとえ罪が悪循環だとわかっていても、自らをその悪循環から解放するほどに自由ではないことを道徳主義は理解していない。それはひとえに次の理由によって真実である。すなわち、道徳主義者は、たとえ、他の者が罪の悪循環にいかに巻き込まれていることを知ることができても、自分自身がそれに巻き込まれているとは決して信じないからである。かれ自身の中では、権力意志は、常に生存衝動と防衛政策によって完璧に正当化されるように見える。罪の秘義を構成するのはまさにこの無知と自己欺瞞である。というのは、罪は実際に秘義だからである。これまで、罪に入り込む無知と不誠実の相対的な度合いについて完璧な説得力のある分析をした者は誰もいない。最も鋭敏な心理学者でさえそうなのである。

Ⅳ

ひとたびこのことが認められるならば、預言者は、人間の不正の明白な形態に対してのみならず、その絶えざる不正と、自己破壊的な罪によって繰り返される悲劇ゆえに、人間の内心に対しても「災いあれ」と告げずにはいられない。その結果、預言者はどの文明に対しても、「私は確かな平和を、この場所であなたがたに与える」と約束することはできないであろう。そのとき人間は、生の逆説を解決する究極的な憐みにますます頼らざるをえなくなる。おそらく、あらゆる生とあらゆる文明に対するそのような裁きの言葉には、同じ偽りの預言の危険がある。そのような預言は、人間のあらゆる文明の中に実際に存在する道徳的可能性を探求することはできないだろう。個人が表現する自己中心性の程度はさまざまである。国家が、かれら自身の権力の暫定的な安全の代わりに、さらに究極的な集団的安全を獲得しようする知恵はさまざまである。生の法則すなわち愛の律法を成就する何らかの可能性は常にある。個人は、時折自分自身を忘却し、自己実現がそのような忘れっぽさの結果であることに気づくことがある。また、その自己実現が個人によって計画され望まれた目的でないとすれば、そのときこそ、それが最も確かに忘れっぽさの結果であったことに気づく。したがって、預言者の任務に属するのは、神の道を一層完全に明らかにする務めである。それは、明白な罪に取って代わる別の可能性を提案することを意味する。

支配階級には、怒り狂う虐げられた階級に対する圧制を強化することに安全はないことを知らしめる必要がある。早かれ遅かれ、不正は、それによって不正が滅ぼされることになる報復の力を作り出すであろう。国家には、そのあらゆる敵に対抗して自分自身を守るだけの力のある国家はないこと、とりわけその国家の力がそれに対抗する新しい敵を呼び起こしたあとはそうであることを知らしめる必要がある。個人には、あらゆる形態の自己中心性の自己破壊的性格を教えなければならない。預言者エレミヤは、良い預言者のしるしの一つを、「私の民に私の言葉を聞かせ／彼らを悪の道から、その悪行から／立ち帰らせ」る能力として定義している。道徳的な勧告は真の預言の任務に属する。しかし、この道徳的勧告が人間の心についての深遠な理解によって導かれていなければ、その勧告は容易に、人間の罪に対する部分的な勝利を究極的な勝利と見なしてしまいがちである。それは、人間の魂がどれほどの水準で正義を達成しようとも、罪による自己破壊にいかに絶え間なくまた不可避的に巻き込まれているかを見落とすであろう。こうして、現代の偽預言者は、商業国家と貿易国家が互恵性の法則を見出し、それによって社会的な敵が滅ぼされると思い描いている。かれらは、貿易業者の堅実な国際主義を美化する。ところが、貿易文明は、歴史のどの文明よりもはるかに冷酷な国際紛争に巻き込まれている。それゆえにまた、現代の偽預言者は、現代のブルジョワ文明について、それが民主主義的であるゆえに「キリスト教的」文明として語り、民主主義が永遠で究極的な愛の精神の何ほどかを代表していると想像する。これら同じ偽預言者たちは、自分たちの文明への支持を神に要求し、民主主義的文明でさえも神の裁きと破滅の下にあると言う者には呪いを宣言する。その説教が最近新聞に取り上げられたニューヨークのある牧師はこの精神で語っている。かれはこう述べた。「われわれの文明の終わりを預言する悲観主義者たちの耳障りな声に耳を傾けないようにしよう。神の腕は救うことができないほど短くはない。われわれが窮地にあるとき神の助けを求めよう。そうすれば、われわれは生きながらえて神の名をほめたたえるだろう」。このように、現代の説教者は、エレミヤの厳しい非難にさらされることになる次のような古代の言葉にそっくり当てはまる感情を表現している。「彼らは私を侮る者たちに向かって／『平和があなたがたに臨むと／主が語られた』と常に言う。……『あなたがたに災いは来ない』と言う」。

民主主義とは安定した文明の贅沢品以上のものではないのかもしれないということを、偽預言者は理解しない。民主主義では、社会闘争は差し当たり緩和されてきたが、それは、一方が大きな力を持ったため他方がそれに対抗できないからである。もしくは、かなりの豊かさに恵まれてきたゆえに、抑圧されている人々に与えられるそれなりの快適さによって、不正が覆い隠されているからである。しかし、契約経済が社会の富全体を破壊するとき、また、安定した社会的平衡が乱されるときは、新たに社会闘争が勃発する。そこには、そのような社会闘争が、権利と利害の民主主義的な調停の形態を破らないという保証はない。

そもそも、いかなる社会も、いかなる個人も、人間の不安を克服しようとすることによってかえって悪化させる罪の悪循環から逃れることはできない。それゆえ、あらゆる社会や個人は、依然として神の裁きと破滅の下にある。したがって社会や個人の希望は常に、人間の怒りに燃える感情を封じることができるような憐れみに、また、罪の国を無にする神の国に存するはずである。かれらがこのことを理解すればするほど、それだけ一層、存在のための闘争の罪深い激化が緩和される文明を打ち立てることができるだろう。

V

偽りの預言への誘惑はどこにでも存在する。ゆえに、感性豊かな言葉の教師は絶望の淵に追い込まれざるをえないだろう。目に余る高慢は断罪しつつ、その微妙な形態は見逃すこと、また、あからさまな不正は禁止しつつ、隠れた不正を認めることは簡単である。また、その暫定的な必要は認められるとして、権力による安全保障を許容したり、権力の代償また不可欠の結果であるとして不正を無頓着に受け入れたり、人々が権力も高慢も不正もないような世界を作り上げることができるという架空の希望へと人々をけしかけたりすることは簡単である。こうした誘惑をどのように避けることができるのだろうか。人間には不可能である。われわれすべての内には常に何ほどか偽預言者の要素があるゆえに、われわれは謙虚に語らなければならない。われわれは自分自身の夢を神の言葉と取り違えるであろう。われわれは、怠惰のゆえに、自分が取り組んでいる道徳的で社会的な事実を表面的に分析しがちなこともある。また、高慢のゆえに、あたかも自分自身がすでに完全を獲得しているか、すでに完全であるかのように語りがちなこともある。あるいは、臆病ゆえに、巨大で無知で頑迷な独善に譲歩しがちなこともある。そこでは、あらゆる文化、あらゆる国家、あらゆる個人は、神の言葉を寄せつけない。

偽預言者に対して断固として妥協することなく語ったそのエレミヤが、自らの預言者の職務を神に返上しようしたのは教訓的である。エレミヤには、自分が預言者にふさわしいという確信がなかった。また、宗教には安全を要求し、悔い改めを経ることなしには安全を提供することはできない預言者を拒否する全世代あげての反対に対抗して、神の言葉の高潔さを維持する勇気が自分にあるかどうか疑問を抱いていた。主は、預言者にふさわしくあるために、自分自身の中で「無価値なこと」と「尊いこと」とを区別する〔エレ一五・一九〕ように要求した上で、預言者の職務をエレミヤのもとに戻された。このようにして、神の言葉を自ら持っているという信念に安住しすぎることさえなければ、教会は罪人たちの安心をかき乱すことができる。預言者自身、自らが告げる裁きの下にある。そのことがわからなければ、その者は偽預言者である。

6　究極的信頼

主はこう言われる。呪われよ、人間を頼みとし／肉なる者を自分の腕として／その心が主から離れる人は。彼は荒れ地のねずの木のようになり／幸いが来ても見ず／荒れ野の乾いた地／人の住まない塩の地に住む。祝福されよ、主に信頼する人は。主がその人のよりどころとなられる。彼は水のほとりに植えられた木のようになり／川の流れにその根を張り／暑さが来ても恐れず／その葉は茂っている。旱魃の年も恐れず／絶えず実を結ぶ。心は何にも増して偽り、治ることもない。誰がこれを知りえようか。

エレミヤ書第一七章五―九節

預言者宗教の最も深い表現は、破局に瀕した時代から出来するということは重要である。偉大な預言者たちが語ったのは、イスラエルがその国家としての存在を失ったときであった。キリスト教は、ギリシア・ローマ文化の衰退の中で生まれた。アウグスティヌスがキリスト教を解釈し、その神学を新たに基礎づけたのは、ローマ帝国が断末魔の苦しみにあえいでいた頃であった。プロテスタントの宗教改革は、封建主義の衰退と大体同時期だった。おそらく、何らかのそのようなキリスト教信仰の再生は、われわれが生きている破局的時代から出来するであろう。

最も深い言い方をするならば、キリスト教は、いかなる時のカオスにも対抗することができるような存在の有意味性を信じる信仰である。なぜなら、その信頼の基礎は、何らかの人間の才能による構築物や、定期的に生じてその高みをひけらかし、自らの美徳や能力に信頼を置くように人を誘うような何らかの人間の努力による達成にあるのではないからである。キリスト教は、世界を創造し贖う神を信じる。しかし、神の目的は一時的また定期的に、人間の邪悪さによって妨げられることをキリスト教は知っている。キリスト教は、人間の心は「何にも増して偽り、治ることもない」ことを知っている。よって、その信頼と希望の基礎は、人間の美徳の何らかの自然的な発展や、人間の知性の何らかの最終的達成にあるのではない。したがってキリスト教は、その最高のかたちにおいては、人間の押しつけがましい計略が砕かれたとき――それは不可避的にそうなるのであり、またそうでなければならないのであるが――のカオスや混乱に巻き込まれるのではない。崩壊のカオスがキリスト教を究極的混乱に誘うことはない。キリスト教は「世も、世の欲も、過ぎ去り」ゆく〔一ヨハ二・一七〕ことを知っている。キリスト教はまた、この世の諸帝国が定期的に自滅に巻き込まれていくことは、神の法の不変性と神の主権とを証しするものに他ならないことを知っている。人間はその危機に際してそれに楯突くのであるが、そうなのである。

しかし、人間の高慢の力はあまりにも大きいゆえに、キリスト教信仰の条件の下においてさえ、人間は繰り返し、本質的な信頼を、神の究極的性質にではなく、人間の精神の何らかの達成に置く。そのような誘惑は特に、これらの達成がとりわけ堂々たるものであるときに大きなものとなる。それは、人間の才能による殿堂が安定を達成し、人間の不壊性を示すように見受けられるときでもある。それゆえに、繁栄の時代は、キリスト教信仰の堕落へと不可避的につながる。他方、逆境の時代は、人生の性質と意味を一層深く探って乾いた地から移動し、その樹を水のほとりに植えるよう人を促す。根はそこで水脈に達し、干ばつの年であってもその葉は緑を保つであろう。こうして、逆境の時代は、キリスト教の真の刷新の季節なのである。

I

信仰は常に、一方では絶望によって、他方、楽観主義によって危機に瀕している。これら二つの信仰の敵のうち、楽観主義のほうが一層危険である。いつまでも絶望に陥っている者はほとんどいない。かれらは、存在の見かけのカオスに何らかの小さなコスモスを構築して自分の人生に意味を与えようとする。より大きな危険は、人間がそこから意味の感覚を引き出しているコスモスが、存在の大きな危機において、意味という観念を支えるのにはあまりにも一時的で浅薄なものになりはしないかということである。楽観主義は本質的に、そのような小さなコスモスによる構築物である。楽観主義と人間の自己満足はほとんど同一である。楽観的信条のほとんどは、その本質までたどるならば、何らかの人間的な美徳や能力への信頼を自ら示す。楽観的な人間は人生を信頼している。なぜなら、自らの国家や文化や、自らが所属する教会の良さや、敬虔な人間の善さや、人間の理性の無限に成長する能力や、それまでのあらゆる文明を自滅させた諸悪とは無縁な文明を構築できる、ある特別な階級の能力などを信じているからである。人間的楽観主義についてのそれぞれの新たな信条は、「人間を頼みとし／肉なる者を自分の腕として」いるすべての者たちの基本的信条の変化型にすぎない。人間の高慢の力はたいへん大きく、この高慢について盲目であることも避けられないゆえに、この楽観主義の錯覚は、人間が信頼してきた、その力や意味の源泉を歴史自体が破壊するまで明らかになることはない。それゆえに、人間的な楽観主義に対するキリスト教の勝利は、歴史の危機と破局を適切に理解できるかどうかにかかっている。人間は、その危機と破局において、自身の才覚というまばゆいばかりの光に目が眩んでいたときに見ることができた以上に物事をはっきりと見てきたのである。

Ⅱ

原初における人間は、自分の存在に意味があるという感覚を、その部族や民族との関係から引き出していた。部族や民族を選び贖われる神を除いては、それらを超えるものは何も存在しなかった。

主なる神と、神が選ばれた民との固有の関係についての初期のヘブライ的概念は、ありふれた原初的信仰を見事に作り込んだだけのものであった。神がともにおられ、また内在されるゆえに、民族が消滅するはずはなかった。民族を超越する神が、民族をまさに自らのものであると主張するということが示されないならば、民族は原初的人間にとって神にはなりえないという事実は、生の意味の問題の複雑さについての有益な示唆となっている。初期の文化においてすら、あらゆる人間の危険で不安定な性格についての気付きはあった。一見したところは永続的な集団的存在についてでさえそうであった。それゆえに、民族より偉大な神が、国家の永続性と価値を保証しなければならない。イスラエルの宗教的安全保証における、この不安定の論理を最初に暴露した預言者はアモスであった。アモスは、イスラエルに対する神の超越性を強調した。そして、イスラエルを神との特別な関係へと召した神は、イスラエルが神の律法に違犯するならばイスラエルを滅ぼすこともある、と主張した。主の日は「闇であって、光ではない」〔アモ五・二〇〕。主なる神がイスラエルよりも偉大ならば、神の手は、イスラエルのみならず、他の民族の運命の中にも見られることになるだろう。「イスラエルの子らよ。私にとってあなたがたは／クシュの人々と変わりがないではないか――主の仰せ。私はイスラエルをエジプトの地から／ペリシテ人をカフトルから／アラム人をキルから導き上ったではないか」〔アモ九・七〕。

アモスの思想における、神と、人間の歴史に対する神の関係についての解釈は、エレミヤや第二イザヤの預言を促す助けとなった破局〔バビロン捕囚〕に先行するものである。アモスがその破局を予測したという事実はおそらく、歴史が人間的達成の不安定さを十分に明らかにする前でさえ、それを見抜くことができる深い宗教的信仰の能力を示すものであろう。実際に、イスラエルを襲った破局を宗教的信仰を深化する機会とした、エレミヤと第二イザヤの宗教的洞察は、アモスに始まる捕囚前の預言者運動における準備がなかったなら、ほとんど不可能だったであろう。アモスの予測は、宗教は単に失敗と敗北を埋め合わせするものにすぎないと考える者たちの宗教批判に対する説得力ある反論である。ヘブライ的預言者運動は、人間存在の意味の源泉を見出した。それは、歴史においてありうるあらゆるカオスを超越していたのみならず、実際に、生と神に対する人間の罪の避けがたい帰結としての破局を予告したものでもある。ヘブライ人は、現代の国家という語の意味合いに大体似かよった国家の全体性を最初に達成した古代の民族であった。おそらくそのことが、かれらの宗教が最初にナショナリズムを超えた一因であろう。この歴史的達成は、現代において純粋に国家的な宗教を再建しようとしているドイツにおけるかれらの敵への非難に奇妙な皮肉を与えている。

預言者的宗教のこの最初の偉大な時代の信仰は、エレミヤの言葉を置き換えて表現できるだろう。すなわち、集団的人間を信頼し、自らの国が不死であることが自分自身の生の不安定さを埋め合わせると空想する者は呪われよ、ということである。国家もまた死すべきものである。自然や歴史の過程と神の裁きが国家を凌駕するとき、破壊によって触れられることのない意味の源泉を生が発見することがないならば、生は無意味なものとなるだろう。

初期のキリスト教の信仰は黙示的であった。それはキリストの再臨を待ち望んでいた。言い換えればそれは、人間の歴史を意味あるものと見るが、それは自己達成や自己満足ではないとする預言者運動全体の頂点である。悪に対する善の勝利は、人間の本性や歴史における何ものによっても保証されることはなかった。黙示的な象徴におけるこのような信仰の表現〔キリストの再臨〕は不幸なことに、年代記的で歴史的な錯覚に至った。主の再臨の希望が潰えたとき、キリスト教は、一連の、程度の差はあれ、予期せぬ妥協においてこの世と折り合いをつけるようになった。キリスト教は、ローマ帝国という壮麗な殿堂が接合剤を欠くゆえに瓦解しつつあった頃、帝国の社会的結合のためのある種の新たな接合剤となったときに頂点に達した。その結果、キリスト教信仰は、ローマ文明への信仰と混ぜ合わされ、また、帝国の安定のためになした貢献によっても自己正当化するようになった。その度合いに応じて、キリスト教は、神ではなく、人に、この場合はローマ人に信を置くようになった。ローマの崩壊はこの自己満足を打ち砕いた。折しも、アウグスティヌスがキリスト教神学に貢献したが、それは、偉大なる預言者によるヘブライ人の思想の再解釈に比肩しうるものである。キリスト教信仰は決してローマの没落によって動揺することはない、とかれは主張した。それどころか、キリスト教は、なぜあらゆる「この世の国」が、その「神を侮るまでになった自己愛」という原理によって神への反逆へと駆り立てられて以来、自己崩壊することになるのか、その理由を理解しているというのである。そのような国では、「不朽の神の栄光」が「朽ちる人間のかたち」へと変えられる。[1]言い換えれば、「この世の国」の弱点とはまさに、人間の自己崇拝であり、それは、この世の国を「戦争、言い争い、そして血塗られた、命取りの勝利への欲求」に巻き込むような没頭である。その勝利は、「この世の国が征服するならば、自らを激賞し、そのようにして自らの崩壊を招く」ゆえに、敗北と同様に命取りのものである。アウグスティヌスは、人間の歴史の悲劇的側面をたいへん明確に見通していた。預言者たちとともにかれは、人間の高慢を、人間の不正の根源と見なしていた。そして、高慢と不正のいずれも神の意志を侵害するものであると見なしていた。そのような歴史の解釈においてキリスト教信仰は、帝国の崩壊に巻き込まれることはなかったが、まさにその崩壊の解釈の原理であった。帝国の崩壊を通して、また、それによってアウグスティヌスは、時代の混沌は意味のない混沌ではなく、歴史を貫く神の勧告の啓示であることを認識したのである。

不幸なことに、アウグスティヌスの教理の積極的な面において、かれは、新たな人間への信頼を受け入れるべきものと認めた。かれは「神の国」をこの世の国と対立させた。神の国の原理は「自己を侮るまでになった神への愛」[2]であった。アウグスティヌスは、神の国という聖書的概念を別の言葉で言い直し、あらゆる道徳的行為についての超越的原理であるとしていた。不幸なことに、アウグスティヌスは、この天の国を教会と同一視した。このことによってかれは、この世の歴史に意味があるという考えを主張することができた。しかしそれは同時にかれを、人間への信頼にあまりに重きを置くという誤りへと巻き込んだ。この場合は、教会で救われた者への信頼である。恵みに生きる人間でさえ、限界づけられ罪あるものであり、その恵みに生きる人間が建てた教会はまさに人間的な体制である。それは特定の世代の逸脱や、特定の集団や階級の誤った洞察や罪深い野望に服している。教会という「天の国」は、期せずして地上に存在して、その養分を非常に地上的な源から摂取している。それは特に、最もたやすく教会を支えることができる階級、すなわち、ある社会の不正から最も恩恵を受ける階級に気安く依存するようになってからである。つまりアウグスティヌスは、ローマ・カトリックという大いなる異端に対して責任がある。異端というのは、教会と神の国とを同一視し、神の無条件の要求を、この人間的で歴史的で相対的な体制に利用しているという意味においてである。

中世の文明は、アウグスティヌスの思想の長所と短所両方の所産であった。その神への信頼は本質的に教会への信頼であり、教会が築いた堂々たる見事な文明への信頼であった。この文明は、最高の状態においては実際に輝かしい達成であった。しかしそれは、教会自身が思い描いたほどにキリスト的ではなかった。ローマ教皇は、最高の状態においては、ローマ皇帝よりはましであるかも

(1) アウグスティヌス『神の国(三)』(服部英次郎訳、岩波文庫、一九九八年)、三六二―三六三頁参照。
(2) 同上、三六二頁参照。

しれない。グレゴリウス七世やインノケンティウス三世のような最も偉大な中世の教皇たちの中で、キリストの精神は皇帝的な才覚より強力であったかもしれない。しかし、教皇たちは世俗的な統治者であったゆえに、皇帝的才覚は完全には無くならなかった。それゆえに、教皇たちが自らについて、無条件にこの地上におけるキリストの代理人であると主張したとき、かれらはその一層高い道徳的達成を、皇帝よりも高度な道徳的で宗教的な欺瞞によって相殺してしまった。しかし、教会が常に身を置く、道徳的で宗教的な危機の表現として教皇のみを指摘する必要はない。宗教が権力と混ぜ合わされ、宗教的人間が権力を獲得するところではどこでも、教会の内であろうが外であろうが、人間は、自らが引き受ける、また引き受けねばならない、全く人間的で、しばしば罪深い行為について、それが神に是認されていると主張する危険の中にある。呪われよ、人間による教会を頼みとする者は。

神は教会に福音を与え、聖霊は教会における生ける信仰を支える。しかし、人間の才覚は教会のあらゆる歴史的で相対的なかたちを創造し、人間の罪はそれらを腐敗させる。相対的な教会のかたちが、必要な形態であるかのように扱われたり、相対的な教会と福音との区別はないかのように扱われたりするときはいつでも、教会自体が、預言者が告げ知らせた呪いにかけられる。その主張は二重に欺瞞的であるゆえに、教会は二重に呪いをかけられる。中世全体を通してキリスト者は、神への信仰と人間への信頼を混ぜ合わせるという怪しい態度に無自覚であった。宗教的信仰は「キリスト教的」文明と混ぜ合わされた。その文明の崩壊は、それまでなされてきた誤りを発見し、新約聖書の意味の光のもとでキリスト教を再解釈する新たな機会であった。こうしてプロテスタンティズムは誕生した。理想的には、プロテスタンティズムは、人間のうぬぼれの危険を最も明確に認識するキリスト教の形式である。プロテスタンティズムは聖人というものを信じない。プロテスタンティズムは、自らの美徳によって神の国に達したなどと誰かが主張できるとは信じない。プロテスタンティズムは神の恵みを信じるが、人間の善さは信じない。それはまた、目に見える教会が神の国と同一視されることがあるとは信じない。実際にはそのような同一視がしばしばなされてきたことを認めなければならないとしてもそうなのである。しかしプロテスタントは、そのような同一視をなすためには、自らの教会の教理を遵守するのではなく、それに違反しなければならない。しかしながらプロテスタンティズムは、人間に信頼を置くことから自由なわけではない。それは敬虔な人間を信頼する。敬虔な者は神の意志を知る。敬虔な者は神の意志をなす。敬虔な者はしばしば、異教徒や異邦人が自分と同じように善い者でさえあれば、神の国は来るだろうと勧める。プロテスタントの人間は個人主義的である。それゆえに、表向きには神がその僕たちによって建てた文化や文明に信頼を置くことは比較的ない。かれは、神と人とを仲立ちする者として聖職者を信頼することはしない。かれ自身が聖職者であり預言者なのである。それはたいへん危険な欺瞞である。その歴史的顚末はいかなるものであっただろうか。プロテスタント的敬虔はしばしば、不毛な正統主義に堕した。たとえばホーソーンの『緋文字』に描かれているようなピューリタン的自己義認にしばしば堕したのである。時には、下層中産階級の非常に相対的な道徳規範が、カルヴァン的プロテスタンティズムにおける「神を畏れる」人間のしるしと証しとして箔付けされてきた。時には、金を稼ぐことについての倫理が同じようにして是認される。時折、敬虔なプロテスタントは、その文明（資本主義）が神の特有の文明であることを確信する。それは、封建主義がそうであるとカトリックが確信していたのと同じである。これらの逸脱はすべて、あの預言者の「人間を頼みとする者は呪われよ」という言葉を改めて確証する理由をわれわれに与える。たとえその者が敬虔な人間であってもそうである。もしくはおそらく、その者が敬虔な人間であればこそ、そうなのである。

Ⅳ

現代文明は全体として、人間存在を危険で、不義で、信頼しえないものにしたのはまさにその宗教的信仰である、という興味深い結論に達した。宗教はたいへん多くの誤った主張をし、実にしばしば、信仰の名のもとで擁護しえないことを擁護してきた。それゆえ現代文明は、科学と合理主義の勃興とともに、古い人間の高慢の新たなかたちを思い描くようになった。信頼できるのは知的な人間、教育を受けた人間である、と現代文明は実際のところ言ってきた。人類の問題は普遍的教育で解決しよう、教育は宗教的偏見と迷信と、そこから発するあらゆる不正を除去するだろう、というわけである。こうして一八世紀の預言者たちは、理性があらゆる人間の対立を調停し、合理性があらゆる利害の競合を解決するユートピアは目前であると夢想したのであった。

それは、ごもっともな夢であった。たいへんごもっともであるゆえに、特にアメリカでは、何百万もの現代人たちが、その夢をいまだに懐いている。合理主義的理想主義者たちが一八世紀にその基礎を築いた文明は、現在、ほぼ確実な崩壊へと邁進しているにもかかわらずそうなのである。あらゆる非合理的な衝動に勝利するとかれらが望んだ理性は、最もよい人間においてさえ、偏見の主人となりまた奴隷と化す。書き言葉の普遍性は、コンドルセの意見によれば、世界に救いをもたらすはずであった。しかしそれは、啓蒙主義を広めるのと同じ早さで、もしくはそれよりさらに早く俗悪さと偏見を広めうるものである。科学は、人間の苦痛を和らげるのみならず、獰猛な牙を研ぎすますこともできる。近代科学と一層高度な合理性によるあらゆる成果は必要で必然的なものである。無知と反啓蒙主義がそれらよりも好まれることはない。しかし、たとえそれが知的な人間であっても、もしくはおそらく、知的な人間であればこそ、「人間を頼みとする者は呪われよ」なのである。なぜなら、知性は単に、善も悪も含めて、生のあらゆる可能性を引き上げるにすぎないからである。世界の歴史における最初の「合理的」文明は、その誕生から死まで、他の何ものにも増して素早く駆け抜けていった。その歩調は早まり、その情熱は目的を達成することに一層効率的に向けられ、その残酷さは一層高度に組織化され、その嘘は最新のプロパガンダの手法によって一層巧妙に喧伝される。

リベラルなプロテスタンティズムは、プロテスタントと合理主義の一形態との絶妙な結合を示す、古い人間中心主義的信頼の一形態を有している。信頼すべき人間とは、敬虔で知的な人間のことである。敬虔によって、その意志は善いものとなるよう訓練されるだろう。そして、知性は、善き意志を適切で社会的に有用な目的へと向かわせるだろう。実際のところ、それがリベラルなプロテスタンティズムの信仰である。そして、敬虔は知性的人間を無益な啓蒙から救い出すことをひとまず認めるとしよう。そして、敬虔は知性的人間を無益な啓蒙から救い出すとしよう。しかし、敬虔が知性的人間からその批判的活力を奪い、知性が、あらゆる堅固な宗教に欠かせない純朴さを破壊する可能性はほとんどない。それは、リベラルなプロテスタンティズムが考えてこなかったものである。したがって、このプロテスタントと合理主義との結合の結果は無気力な感傷となるだろう。これは、敬虔や知性を非難することでもないし、敬虔と知性の混合を否定するということでもない。しかし、このような人間の善の形態は、他のあらゆる形態と同様に、それ自身の特有な腐敗と、固有ではなく単に自然で不可避的なすべての人間の善の堕落の下にあると主張することは必要である。もし知的で敬虔な人間を信頼するとしたら、その人間は、次のことを主張して人をうろたえさせるだろう。すなわち、人間社会の究極的形態は穏健な資本主義であり、それは穏健な民主主義と手を組み、穏健な慈善活動で彩られ、上品な宗教によって完成される、ということである。もし、ある飢えた者がこのような楽園に我慢ならず、革命家になったとしたら、かれは「法と秩序」のみならず、神の勧告そのものを脅かすことになるだろう。

人間のうぬぼれの非常に特殊な形態は、第一次世界大戦後のいわゆる青年運動(3)において発展した。若者を信頼せよ、とかれらは告げた。老人は狡猾で腹黒く卑劣である。そして、古い悪徳にあまりにも慣れ親しんでいるゆえに、新たな創造の可能性は老人の中にはない。若者を頼みとせよ、というわけである。そのような青年運動は英雄的で自己犠牲的である。それは世界に新たな意識をもたらし、年長者たちがかくも長い間受け入れてきた悪徳に憤っている。人間の可能性についてのあらゆるかつての見方がそうであるように、このような見方にはある真理がある。世界の進歩は、新たな世代が長年の問題に取り組むにあたっての活力や希望に依存していることは確かである。しかし、これらヨーロッパのあらゆる青年運動がこの現代において、ヨーロッパ大陸におけるさまざまな国家主義的興奮状態に囚われていることは重要である。最も狂信的な宗教の最も狂信的な信徒は若者であり、ヨーロッパの平和は、先の戦争の恐ろしさを知らず、次の戦争のロマンを待ち望んでいる青年によって大部分危機にさらされていることは教訓的である。ヨーロッパの若者のこの腐敗以上に痛ましいものはありうるだろうか。親や指導者はそれに対して無力である。こうして人間の高慢はもう一つの形態をとった。その形態は風変わりであるが、その高慢はアダムの古い罪である。この高慢は、若者が、自分たちの心の「一途さ」とはしばしば、頭が空っぽであることとの直接的結果であることに気づくことを妨げる。呪われよ、若者を未来の希望と頼みにする者は。

人間主義的な楽観主義の最近の形態は、他の人間主義的形態が信用を落とした後に何百万人もの宗教となったものである。それは、「貧しい者を頼みとせよ」という言葉で表現されるであろう。

（3） ヒトラーユーゲント（ヒトラー青少年団）などを想起していると思われる。

貧しい者は守るべき利害などないゆえに、真実を見るとして信用できるというのである。マルクス主義は、あらゆる人間の文化の幻想と不誠実を見破った人間主義の一形態である。マルクス主義は、あらゆる文化的企てが、どれほどまでに、文化を支配する階級の固有の環境と特定の利害に関わっているかを正しく理解してきた。マルクス主義は、敬虔な人間の信仰深さや賢い人間の知恵などは信頼しない。マルクス主義は、敬虔な人間と賢い人間がまた社会の特権的人間である限りにおいて、絶対的叡智や絶対的完全性という見地からではなく、自分たちの特権という見地から思考していることを指摘する。このような歴史的状況への取り組みには真の価値がある。マルクス主義の、人類の救済者としてのプロレタリアートへの信頼は、聖書における貧しい者への祝福と無関係なわけではない。聖書が強調するのは主として、富める者や力ある者の傲慢に対する貧しい者の謙遜である。しかし、精神の謙遜は、完全さの前提条件でしかない。一般的で普遍的な人間の精神の弱さと、人間の心の不誠実さという観点からすれば、貧しい者は、力ある者もしくは富める者よりも生の究極的問題を一層偽りなく見るのは当然であろう。ゆえにイエスは、富を天に積むな、また、神と富の両方に仕えるなと告げる〔マタ六章〕。貧しい者へのこのような聖書の祝福に、飽食した者たちよりも地上の貧しい者たちには一層大きな原動力がある、という見方を付け加えることができるかもしれない。飢えた者は、その飢えによって、誰一人飢えることのない世界を探し求めるよう促されるであろう。こうして、精神の奇妙な錬金術によって、神の国という夢が飢えの苦しみから抽出されて、単なる肉体的欲求以上の何かとなるであろう。

したがって、プロレタリアートを、特別な運命の下にある階級としてマルクス主義が信頼することには実にもっともな理由がある。プロレタリアートは社会の危機において、賢い者たちが理解することができず、また、なそうともしないことを理解して行動するよう定められているというわけである。しかし、このような貧しい者への信頼は暫定的なものにしかなりえないのであり、究極的な信頼にはなりえない。悪に対する善の勝利への究極的信頼をそこに基づかせることはできない。この誤った信頼の理由については簡単に述べることができる。もし、貧しい者が、社会における高尚な定めを有する勢力として広く信頼を得るとすれば、貧しい者は権力を獲得し、社会を転覆して新たな社会秩序を作るだろう。そこで、その者は貧しい者であることをやめて権力者となるだろう。貧しい者を荒野で導く預言者たちは、新たな秩序の祭司王となるだろう。新たな社会秩序は、古いものよりも計り知れないほど善いものとなるだろうが、腐敗と権力の誤用という誘惑を免れているわけではない。貧しい者の夢であるこのような楽園において、あらゆる権力を手中に収めた一人の預言者が、仲間の預言者たちを殺すだろう。スターリンはカーメネフとジノブエフに死刑を宣告し、トロツキーを追放することになる。無意識的なユートピアの幻想が意識的な嘘に変わるのを受け入れる者だけが、そのような同時代の事実を目にすることができるだろう。あまりにも無条件に貧しい者を救済者として信頼することは、貧しい者が信頼に値しない者になることをまさに推し進めることを認めることなしにそうするのである。「呪われよ、人間を頼みとする者は」――たとえ貧しい者に対してであってもそうである。特に、貧しい者が全面的に信頼されて権力のある者になった場合はそうである。

よって、いかなる人間をも頼みとするな、ということになる。あらゆる人間はそれぞれの能力を有するが、それぞれの弱点も有する。あらゆる社会における歴史上の集団は、なすべき固有の貢献を有している。しかし、特にその成功の時において、腐敗しえない、また腐敗することのない人間の善のかたちなどない。賢い者をして、祭司の迷信を破壊せしめよ。そして、貧しい者をして、賢い者の高慢を覆させよ。しかしそうは言ってもその時、新たな預言者が現れ、貧しき者の祭司王に、その祭司王もまた服している人間の永続的罪を宣告しなければならない。

言い換えれば、生の善さに対する究極的信頼は、人間の善さへの信頼に基づくものではない。もし、基づくところがそうであったとしたら、それは究極の幻滅に苦しむことになる楽観主義である。世界の歴史において常にそうであったように、ロマン主義はシニシズムに変えられるだろう。キリスト者の信仰は、このような楽観主義とはかなり異なるものである。それは、善き世界を創造した善き神への信頼である。たとえ世界が今、善くなくともそうなのである。力があり、最終的に、人間がなす悪を打ち破り、その罪を救う善き神を信頼するのである。このような信仰は楽観主義ではない。それは実際のところ、楽観主義が挫折し、自らが正しいと自己を頼むのを人間がやめるまでは生じない。人間存在が意味あるものであるということへの希望は、その周期的な干ばつを伴う歴史の砂漠よりも深いところにある根によって養われるはずである。そしてそれは、衰退の下にないようないかなる人間の活力もなく、腐敗の下にないようないかなる人間の美徳もないという、人間の歴史の疑いえない事実に直面してなされることである。

神の善へのキリスト教の信仰は、人間の美徳への信頼と同等のものと見なすべきものではない。しかし、キリスト教信仰は超自然主義でもなければ、この世界に悪を見出すゆえに希望をあの世に置く超俗的なものでもない。本質的に善なる永遠と本質的に悪しき限界性との区別などはみな、キリスト教信仰とは無縁のものである。キリスト者がそのような仕方で信仰を言い表すときは、他の型の宗教によって腐敗している。自らの信仰を真に理解しているキリスト者にとって人生は生きるに値するものであり、この世界は単なる「嘆きの谷」〔詩八四・七〕ではない。かれは、人間の罪による腐敗の下に創造の善を見出すことができる。かれは、罪による腐敗によって絶望に陥れられることもないだろう。なぜなら、かれが信じる神は、創造主であると共に贖い主でもあるからである。言い換えれば、かれは、悪が善を凌駕することはできないことを信頼している。かれの幸福は、次のことを知っていることによるものにもなるだろう。すなわち、他者がかれになす悪は、かれが他者になす悪とさしたる違いはない、ということである。かれは、次のような皮肉屋の責め苦に悩まされることはないだろう。すなわち、自分の理想を偽って自身の成果と同等のものとし、自分の理想に見合わないゆえに仲間を苦々しく見るものの、自分自身はどれほど理想に及ばないかということに無頓着な者による責め苦である。人間への信頼が幻滅させられる苦々しさに対する最高の対処法は、自分自身に幻滅することである。これが真の悔い改めとしての幻滅である。

7 幼少期と成熟

そこで、イエスは一人の子どもを呼び寄せ、彼らの真ん中に立たせて、言われた。「よく言っておく。心を入れ替えて子どものようにならなければ、決して天の国に入ることはできない」。

マタイによる福音書第一八章二―三節

幼子だったとき、私は幼子のように話し、幼子のように思い、幼子のように考えていました。大人になったとき、幼子のような在り方はやめました。

コリントの信徒への手紙一第一三章一一節

きょうだいたち、物の考え方については子どもとなってはいけません。悪事については幼子となり、考え方については大人になりなさい。

コリントの信徒への手紙一第一四章二〇節

I

イエスは子どもらしさを推奨しているように見える。パウロは成熟の必要を示唆している。パウロは、「物の考え方については子どもとなってはいけません。悪事については幼子となり、考え方については大人になりなさい」という勧めによってこれら二つの強調の表面的な矛盾を決着させているが、この矛盾は、人間の生の深遠で永続的な問題を指し示している。成熟は善でもあり悪でもある。それは、生でもあり死でもある。

成熟は生である。成熟した人間は自分の世界と自分自身とを、子どもよりも理解している。成熟した人間の理性は、事柄の相互関係をその因果関係において把握する。成熟した人間の判断は重要な選択をすることができる。成熟した人間の記憶は、社会的なものであれ個人的なものであれ、過去の経験や達成を利用する。成熟した人間の想像力は未来を予測する。事柄の相互関係を理解することができない子どものような人間は、究極的な源泉をあらゆる自然の出来事に帰す。そして、自分の世界を、さまざまな霊魂や怪物、神々や悪霊、その他神秘的な力で満たしている。さらに成熟した理解力は、自然の過程の規則性を見極め、世界を、神秘的な気まぐれではなく信頼できる因果関係によって解釈することを学ぶ。幼少期は自らの時間と空間のかなたを見ることができない。成熟は、その知識の範囲を、一層大きな生と経験の領域へと広げる。こうして、成熟は創造の約束の成就である。それは幼少期よりも大きな生を示す。

成熟は死である。人間のからだは、おおよそ二五歳頃に完全な成長に達した後間もなく徐々に死に始める。おそらくゴルフを除くほとんどの運動競技は青年期の分野である。幸いなことに、知性は滅びゆくからだの中で発達し続ける。しかし、人間の精神的能力でさえ歳とともに衰えていくであろう。成熟が意味するのは、想像力が低下し、幼少期の調和や平静さが失われ、誠実さが腹黒さへと頽落し、期待や熱意がシニシズムや幻滅へと退化していくことかもしれない。

成熟は生のみならず死を意味することもあるゆえに、幼少期の才能の幾分かは、われわれが成熟へと成長するにしたがって、維持され取り戻されなければならないことは明らかである。このことは、生の終わりの理想は始まりであるかのように、また、神の国の究極的な完成を至福の始まりであるかのように描くあらゆる宗教的神話において重要である。おそらく、《子どもっぽさ》〔childishness〕と《子どもらしさ》〔childlikeness〕との違いは、後者が幼少期の単純さと深遠さを持ち続けているというよりも、それを改めて取り戻しているところにある。われわれは、幼少期の単純さをただ持ち続けることはできない。われわれは小さな子どものようにあることはできないが、「心を入れ替えて」子どものように「なる」ことが必要である。幼少期の単純さや一体性や深遠さの幾分かを絶えず取り戻すことがなければ、成熟が有する一層込み入った複雑さや、一層広い知的領域や、一層詳細な知識は死を意味する。その意味で、深遠な宗教が求めるのは、精緻化された近代性からの勧告を拒否することである。そのような近代性は、知的完成にのみ没頭して、その精緻化のために自らが支払ってきた代償に気づいていない。

Ⅱ

子どもの生の調和は動物の持つ平静さに似ている。自然のさまざまな調和がそこにおいて乱されることはなかった。もっとも、最年少の人間である幼児も、その鈍感な平静さを保てなくさせる自由の要素を示していることは認めておかなければならない。子どもは自分自身と戦ってはいない。子どもたちに人間的な選択をさせるために示されるさまざまな選択肢は、理性が成長することによって、またその結果として自由が成長することによって、途方に暮れるほど複雑に増大する。達成される調和はどれも、おびただしい衝動や欲求が意志の中枢によって抑制されるような調和でなければならない。

成熟の問題は、衝動の複雑さのただ中で調和を達成することだけでなく、次のような特定の対立を克服することである。すなわち、生をめぐる存在と当為の対立や、自由がそれに向かって人間を促す理想的な可能性と、理性がそれを和らげるよりも鋭利にする利己主義の衝動との対立である。それゆえ、あらゆる成人の生は、堕罪の神話に表現されていることの現実性を体験する。人間に与えられている理性的な自由は、自然の諸力を調和させる理想的な可能性を示している。それは、自然の諸力が自然において達成するものよりも高度な水準でなされうる。しかし、この理想的な可能性が実現されることはない。理性は、一層高い次元における純粋な調和を再建することができずに、自然の調和を崩壊させる。それゆえ人間は、自分自身から疎外され、その五体にはある法則があって、心の法則と戦っている〔ロマ七・二三参照〕ことに気づくのである。

人間の内部におけるこの葛藤が完全に解決されることは決してない。ゆえに成熟は、子どもらしい無垢と調和だけでなく、子どもらしい誠実さの喪失をも意味する。子どもが、そのありのままを偽ることはない。子どもは、その生を自己自身に集中させ、それ以外のことをすべきだと主張することもない。その成熟しつつある心に、一層大きな世界が徐々に開示される。その世界は、それに仕えるべき、自己よりはるかに大きな価値の共同体を示唆する。しかしその世界はまた、自己に奉仕させることができる数多くの力とおびただしい生を明らかにする。こうして、子どもの単純な自己中心性は利己主義へと昂じていく。自己の中心にすぎなかった自己は、それ自体を世界の中心に据えようとする。そのような企てを徹底した自信をもって請け負うには、自己はあまりにも矮小である。自己は、それよりも一層大きな生の全体的な見取り図において従属的な位置にあることに気づいて初めて、その存在が正当化されることを知る。しかし、そのことによって利己主義の衝動を克服することはできない。それゆえ自己は、世界を支配したいという欲求を、世界への偽りの献身の陰に隠すよう唆される。したがって、あらゆる成熟した道徳的行為は、不正直と不誠実といった要素の影響を受けている。虚偽は常に利己主義の罪に緊密に関わっている。成人には、自身の内的矛盾によって、自身ではないものであるかのように偽らざるをえない傾向がある。悪魔は嘘つきである。成人の生におけるこの不誠実は《堕罪》の一部である。それは遺伝による影響ではないが、それにもかかわらず繰り返し起こるものである。いかなる意識的な道徳的努力もそれを完全に排除することはできない。

子どもらしい誠実さと成人の不誠実との違いは、人間の集団的歴史において際立った鮮やかさで表現されている。原始部族は自分自身のために生き、自らの生存のために外部の敵と戦う。かれらは自分たちに対する戦いも敵に対する戦いも正当化などしない。かれらは自己を正当化する。高度な文明は自らの営みよりも大きな世界に面している。そうした文明がこの世界に対して取る態度は常に帝国主義的また道徳的である。かれらは自分自身の国家の境界を超えて生を支配しようとする。しかし同時に、国家的ありかたを超える価値の担い手であり継承者であると自らを見なしてもいる。かれらの国家的存在が脅かされるとき、あるいは帝国主義的な衝動に駆られて版図を拡大しようとするとき、かれらはきまってこう主張する。問われているのは自分たちの国家の存在や版図の拡大ではなく、文化〔Kultur〕や民主主義であり、あるいは白人文明や北欧人の文化である、と。こうした欺瞞は決して、全く虚偽というわけではない。というのは、成熟した存在は、人間や国家における全く慎み深いありかたについては何も知らないからである。あらゆる個人の生は、それ自体を超えた生の組織体に有機的につながっているとともに、その下僕でもある。しかし、そうした欺瞞は、理想主義者の欺瞞と同様、全く真実であるということには決してならない。民族は、自分たちの民族としての存在や自分たちの民族の誇りが脅かされていると感じなければ戦うことはない。たとえ、自己を守る最高の方法は、目前の目的を超える有利さを与えてくれるような安全保障体制への献身である、という認識に達することがあるとしてもそうなのである。しかし、そのより大きな価値が、一層差し迫った事柄にとって直ちにまた明白に有利でないところでは、その大いなる価値への献身は弱められる。このような国家の本質的に近視眼的な考え方と不誠実さゆえに、国際的な統治機構の達成は現在までのところ不可能となっている。浅薄な冷笑家は時に、国家の偽善を単なる政治家の不誠実な策略と見なす。もちろん、支配階級の利害がこの元来の不誠実さに拍車をかけることは事実である。しかし、国家の偽善は基本的に、成熟した存在の本来的で避けることのできない性質である。部族は誠実かもしれないが、帝国は不誠実である。この事実のみで、進歩についてのあらゆる単純な道徳的理想は無意味になる。現代人の闘争はあまりにも熾烈であるが、それは、その知性が闘いの手段を完成させ、それをさらに致命的なものにさせているからだけではなく、成熟が現代人に奇妙な偽善的熱狂主義を強いてきたからでもある。現代人は、敵を単に自分の存在に対する危険としてだけでなく、あらゆる生の高潔で聖なる価値に対する危険としても受け止めるゆえに、敵に対して非常に残酷になりうるのである。

成人の生の複雑さと不誠実さが本質的な欠陥であるとしたら、「心を入れ替えて子どものようになる」ことを人間に要求するのは空しいことかもしれない。実際、いかなる成熟した宗教も、自らの罪を認めることが罪の完全な除去につながるであろうという、近代のリベラルな宗教が人間に期待してきたことを期待することはない。成熟した宗教は次のことを知るだろう。すなわち、簡単に修正される怠惰や悪意などよりも、人間の不正行為における、はるかに扱いにくい謎めいたものに自らが取り組んでいることを知るのである。言い換えれば、成熟した宗教は「原罪」がいかに現実的であるかを悟るだろう。成熟した宗教がこのことを確かに認めるならば、それは、単純な道徳的命令以上のものを救済の計画として有することになろう。それにもかかわらず、心を入れ替えて子どものようになるべきだという命令は必要不可欠である。不誠実さは、それがしばしば見られるからといって規範的ではなく、利己主義は、それが存在の法則ではあるとしても正しいものではない。幼少期の無垢と調和に戻ることができる人間はいない。しかし人間は、自らの人生や利己主義や偽善を、幼少期の無垢によって象徴される視点から判断することを避けることはできない。人生はどうあるべきかについての、また人生は真にどのようなものかについてのあらましに関する裏づけを幼少期の中に見出す者は、キリスト教の最も深遠な真理の一面を識別してきた。神は、生の創造者でもあり成就でもある。生は、その始まりの状態に向かわなければならない。しかし生は前進しなければならない。小児めいた言動は精神障害的なものである。小さな子どもであり続けるという可能性はない。あるのは、小さな子どものように「なる」可能性でのみある。

小さな子どものようになることは、幼少期の無垢を取り戻すという意味にはなりえない。悔い改めて回心することは、完全な誠実さを達成するという意味にはなりえない。それが意味するのは、われわれが誠実ではないということを知る誠実さを達成することであるはずである。悔い改めて回心することは、われわれがあらゆる利己心から解放されるという意味ではありえない。いかなる精神的洞察や訓練も、自然から付与された自己中心的な衝動の領域を拡張しようとする人間の理性の傾向から人間を完全に自由にすることはできない。しかし、自らの不誠実さと利己心の両方を知っている悔い改めた人間は、こうした傾向を抑制し、一貫した偽善と利己主義が昂じるのを阻止することができるようになるだろう。われわれがそれを目指して努力する調和は、われわれの源泉であった完全な調和ではありえない。なぜなら、それは複雑さの中の調和だからである。このように、キリスト教にあるのは、より高い誠実さと道徳性への挑戦と、まだ達成されていない純粋さについての意識である。純粋さは、人間が自分の力で達成することはできず、神の手の内に用意されている。ぶどう園のたとえ話では、神の恵みを大いに必要とする点において、多くを成し遂げた者は少ししか達成しなかった者と同等である。この思想の有効性は、たとえそれが単純な道徳主義者には躓きであるとしても、人間の精神性の窮状に照らせば疑いえない。不誠実で利己的で傲慢で不安な成熟は、たとえそれが達成できない規範だとしても幼少期の無垢を生の規範と見なさねばならない。また、幼少期の無垢を生の最終的成就の概要と見なさねばならない。たとえその成就のために、どの人間のものよりも大きな手段が要求されるとしてもそうなのである。「それは人にはできないが、神には何でもできる」〔マタ一九・二六〕。

Ⅲ

われわれは、政治的力と社会的力が奇妙に二つの陣営に分かれている、社会史上の危機の中にあるが、いずれの陣営でも、幼少期と成熟との関係は十分に理解されていない。ファシストは、幼少期に戻ることによって現代文明の複雑さから逃れようとする。一方、共産主義者は、より高い正義へ向かおうとすることにおいてファシストよりも正しいが、完全な無垢が人間の自然な成長にとって可能であると想定することにおいて間違っている。

現代のファシズムは、部族的な単純さに戻ることによって、現代社会の複雑さや不統一や分裂を克服しようとする。現代ドイツを代表する哲学者ルートヴィヒ・クラーゲス(1)が、知性を、自然の単純な動物の調和を崩壊させるような病であると見なしていることは重要であり、実際その通りである。しかし、近代国家が、宣伝戦略や組織のあらゆる専門技術を駆使して生をその原始的な調和へと戻すよう強制し、理性的な過程を自暴自棄的に内向させようとするとき、精神的逸脱を招く。ロマン主義的原始主義は、成熟の危険からの誤った逃避である。人間は子どもではありえない。近代国家は、強引に自らを原始的部族の型に当てはめることはできない。そのような努力がもたらす結果は、子どものような無垢ではなく、強制収容所の加虐的残酷さである。

政治的生の不誠実と偽装を意に介せず、その自己中心的な野心をあからさまに残酷に公言しようとするファシズムの現実政治〔Realpolitik〕(2)の努力にも同じように挫折の要素がある。リベラルな政治が、自分自身の罪に気がつかないような成熟を示しているとしたら、ファシズム的政治は、一種の幼稚性のようなもの、すなわち、人間や国家がそれに部分的にしか忠実でなかったあらゆる一層高い忠誠を拒否することによって不誠実を逃れようとする。それもまた偽りの救済方法である。現代国家は、自身よりも偉大な文明への義務から逃れることはできない。たとえ、そうした義務に、そうあるべきように、またそのように主張するほどには決して忠実でありえないことが認識されるとしてもそうなのである。不誠実を暴き出す規範を破壊するような誠実さは内的調和を達成するかもしれない。しかしそれは、外的混乱を代償にしてなされる。現代のファシズム的民族主義は、国内の混乱を克服しようとして国家間の混乱を著しく倍加させているのである。

反動的政治におけるこうした原始主義的傾向に比べれば、共産主義や急進主義は健全である。マルクス主義は、新たな高次の統合形態に向かって邁進することによって、近代社会の崩壊状態を克服しようとする。それは成熟の妥当な戦略である。現代社会が、技術文明のさまざまな必要に一層よく対応する新たな種類の調和を見出すことができるかもしれないということは、決して空しい希望ではない。共産主義理論が間違っているのは、あらゆる近代性が間違っている思想においてのみ

(1) Ludwig Klages (1872-1956). ドイツの哲学者、心理学者。筆跡学の創始者。

(2) 理想や倫理などによってではなく、利害と権力によってなされる政治のありかた。

である。それはユートピア主義である。共産主義は、完全な無垢すなわち新たな幼少期は、社会過程の終わりに来ると思い描いている。共産主義は、自らの力であらゆる緊張が解決され、人間の混乱の最終的な根が除去される社会を造り上げることができると考えている。もしそれが実際に可能だとしたら、その新たな社会は、共産主義が浅はかにも思い描くような歴史の始まりではなく、歴史の終わりであろう。というのは、自然の調和を破壊する人間の生の力動的な活力は、歴史を作り出す力でもあるからである。それは、リベラルであれ急進的であれ、いかなる無邪気な近代的意識にも上ることがなかった逆説である。歴史の織物は、知られているどの歴史よりも偉大な次元を有する織機のようなもので織られている。悪に対する善の単純な勝利の可能性は歴史の中にはない。生のあらゆる新たな活力とあらゆる高次の創造力は、統合の力のみならず分裂の力ともなりうるし、またそうなるであろう。この事実を認識するならば、預言者的宗教の黙示的希望は近代性のユートピアと区別される。善と悪の問題は、歴史の中では完全に解決されることはありえないのである。

Ⅳ

われわれは、生にとって規範的なものとしての子どもの平静さや調和や誠実さについて考察してきた。それは、人類が直面している道徳的また社会的問題の全領域を示してきた。しかしわれわれは、それとなく触れたことを別にすれば、歴史の文化的問題については考察してこなかった。これらのことによって、われわれは子どもの深遠さを規範的なものと見なさなければならない。幼少期の最も魅力的な特徴は、単純だが深遠な問いをたいへん好むことにある。子どもは誰もが神学者として生まれてくる。それが、近代人が神学者たちを反啓蒙主義者と見なした理由の一つかもしれない。子どもは、科学者であるよりは神学者である。子どもは、二次的で自然的な目的については、まごついてあいまいである。しかし、第一の究極的な目的には関心を寄せる。子どもは、進化の連鎖の因果関係をたどることよりも、世界がいつ、なぜ始まったかを尋ねることに関心を寄せる。『子どもたちとの会話』と題された最近の本では、父親と六歳の娘との朝食時の会話が報告されている。記憶から引用せざるをえないが、それは以下のようなものであった。


「お父さん、わたしはなぜ生まれてきたの?」

「娘よ、わたしにはわからないね。神さまだけがご存知だよ」

「神さまは、わたしに生まれてほしかったのかしら?」

「そうだと思うよ」

「神さまは『生まれた』のかなあ?」

「いいや、神さまは『生まれた』わけではないよ」

「神さまが『生まれた』のでないのだったら、どうして神さまはわたしに生まれてほしいと思ったの?」

「もう黙りなさい、おまえは何にでも首を突っ込む子だね」
「どうしてわたしの質問に答えてくれないの。お父さんは怠け者の年寄りね」

こうした少女の単純な問いは、子どもらしい深遠さの申し分ない事例である。問いのすべては、「わたしはなぜ生まれてきたの？」という究極的な意味の問題と、「神さまが『生まれた』のでないのだったら、どうして神さまはわたしに生まれてほしいと思ったの？」という無限と有限の関係に関わっている。生の意味と、有限と無限の関係とをめぐる問いは、宗教の思想と実践の全領域のほとんどを覆っている。後者の問いは前者の問いによって暗示されている。なぜなら、あらゆる意味の観念は、有限な世界を超える意味の源泉と成就とを指し示しているからである。

宗教的直解主義は、子どもらしい問いに対して、単純で子どもらしい答えを与えることによって、宗教における子どもらしい深遠さを維持しようとする。直解主義者は、子どもらしい問いへの神話的な答えは十分に科学的な答えであると考えている。したがって、創造の概念は真理であるゆえに、神が世界を六日で創造したということは事実であり、堕罪の物語は真理であるゆえに、エデンの園における蛇とリンゴについての記述は実際の歴史である、と主張しようとする。こうして直解主義者は、究極的で宗教的な洞察を悪しき科学へと腐敗させてしまう。直解主義者は、「なぜ」という究極的な問いについての神話的説明を、「どのように」という当座の問いについての科学的な説明にしてしまおうとするのである。これは一種の文化的原始主義であって、反動政治の社会的原始主義と同様に有害である。

近代文化はこの種の原始主義への反動である。しかし、残念なことに、近代文化は、深遠な問いに対する表面的な答えで十分であると考えるような新たな幼稚性である。子どもは、答えを知っていると主張することなく問う。青年は、自分が答えを知っていると考える。近代という青年的洗練が自らを示すのは、宗教的問いに対して科学的答えを見出すことにおいてである。そして、歴史的脈絡や自然の因果関係を分析することが、生の意味をめぐる問題への適切な取り組みであると考えることにおいてである。近代文化は次のことを信じている。すなわち、あらゆる出来事には、それに先立つ原因を見出すことが常に可能であるゆえに、世界は自己由来的で自明なものである、ということである。

適切な宗教の子どもらしさは、以上のような洗練にではなく、それとは反対の洗練においてである。それは、原始的な無知の子どもらしさではなく、人間の知識の限界を学んできた知恵による子どもらしさである。それゆえ、そのような子どもらしさは、畏敬と希望と恐れをもって生に向き合う。畏敬をもって、というのは、生の神秘は、進歩する科学によってもなお探求されていない未知の領域以上のものであることを知っているからである。希望というのは、「私たちがどのようになるかは、まだ現されて」〔一ヨハ三・二〕おらず、いかなる過去の歴史の記録も、創造的全能が存在の無限の可能性から生み出すものについての十分な手掛かりとはならないからである。恐れというのは、歴史におけるそれぞれの新たな局面に現れる悪の可能性を、過去をどのように分析しても十分に予測することは決してできないことを知っているからである。そのような子どもらしさによる知恵は、恐怖よりも希望を好むことになる。それは、善のほうが悪よりも上位にあることを知っているからである。また、世界が善ではなく、創造が混沌に対する勝利でなかったら、そもそも世界は存在できないことを知っているからである。それゆえ、子どもらしさは、畏れながらも怖がることなく生に向き合う。その平静さは、次のような幻想への信頼に基づく文化の平静さよりも長続きするであろう。すなわち、人間の知性が、われわれをめぐる自然とわれわれの中の自然の混沌を克服してきたという幻想、である。子どもらしさはその平静さゆえに、妖精や精霊に驚くことはないのと同様に、大鬼や小鬼が暗闇から突然現れてきても驚くことはないだろう。子どもらしさは、合理主義によって氷のように固く凍った、予期しうる出来事の浅薄な外面よりも、生の次元を一層深くまた高いところまで知っている。氷のような合理主義は、それに確固とした足場を置こうとしている人々に偽りの安心感をもたらす。この氷はそれほど厚くはない。その下には海が深く荒れ狂っているが、その上には、氷を溶かす暖かい陽ざしが降り注いでいる。

あらゆる人間の業績の相対的な善は、悪の混沌と、より良いものに道を譲るために人間の不完全なわざを粉砕する、善なる神の審判とによって常に脅かされている。誕生の喜びと死の悲しみは、人口動態統計が示す合理的な予測値よりも一層豊かで、一層人を満足させるものであり、また、一層恐ろしいものである。歴史における悪魔的な力は人間の賢明さによって永久に禁じられたと信じる中産階級的自己満足の時代において、いかなる合理主義者も、世界の歩みにおけるこの哀れな時代を予見できたことはない。もしくは、予見できていない。その哀れな時代、諸国家は狂気に陥り、政治的茶番劇の曖昧な中間地帯から突如として出現した馬鹿げた指導者を自分たちの神として崇めているのである。

病的で自虐的な禁欲主義者たちと区別される、歴史に残る真の聖人たちには、たとえばアシジのフランシスコがそうであったように、愉快なユーモアのセンスがあった。そのことには意味がある。このユーモアのセンスは、恨みにも失望にも陥ることのない幻滅という奇妙な資質に基づいている。恨みに陥らないというのは、人間同士の裁きが、悔い改めによって促される赦しによって緩和されるからである。失望に陥らないというのは、世界におけるいかなる悪も、神の善性と、悪に対するその究極的な勝利への確固たる信仰を妨げることはできないからである。この愉快な平静さの資質は、いかなる悪も知らない子どもの無垢とは異なる。それは、悪の深淵を覗き見ながらも、もはやそれを怖がることがないような平静さである。この状態を《第二の幼少期》と称してよいだろう。ただし、その語の軽蔑的な意味合いは別である。[3] いずれにせよ、それは、悔い改めと回心という第二の誕生に続く精神の状態である。

精神の健康は、個人においても社会においても成熟の成果である。そこでは、幼少期のある卓越性が生の複雑性の中で失われた後、改めて自覚的に取り戻される。その精神の健康とは、内的葛藤

（3）「第二の幼少期」には老衰、もうろく等の意もある。

を知らないのではなく、それを経た上での内的高潔さである。それはまた、人間の心のずる賢さについての悔い改めを伴う認識がないのではなく、それを経た上での誠実さである。また、幻滅と失望を知らないのではなく、それを経た上での善き生への信頼である。そして、洗練された教養を知らないのではなく、それを経た上での純朴さと平静さである。しかし以上のどれも、取り戻された子どもの特徴を正確に表してはいない。《終わり》にあるものは実際のところ、決して《始まり》のようなものではない。とはいえ、《終わり》が全くの死滅ではないとしたら、《始まり》の何ほどかは《終わり》にも残っているはずである。したがって、道徳においても文化においても、生と歴史は「子どものようになる」ための絶えざる闘いである。それは、成長における腐敗を阻止する闘いであり、多なるものが統一性を破壊するのを防ぐための闘いである。また、増大した知が生への熱意を損なうのを防ぐ闘いであり、知性の成長において想像力が衰退するのを防ぐ闘いなのである。

8　キリスト教と悲劇

大勢の民衆と嘆き悲しむ女たちとが、イエスに従った。イエスは女たちの方を振り向いて言われた。「エルサレムの娘たち、私のために泣くな。自分と自分の子どもたちのために泣け」。

ルカによる福音書第二三章二七—二八節

エルサレムの女たちがイエスのために泣いた。イエスを愛し崇敬していたゆえに泣いたのである。女たちは、イエスのために泣くことができるゆえに、イエスを愛し崇敬していたのかもしれない。憐れみ〔pity〕は、愛また崇敬と奇妙に入り混じっている。同等な者への愛は難しい。われわれは、弱く苦しむものを愛す。それは、われわれに挑みかかってくることなく、われわれの強さに訴えかけてくる。しかしわれわれはまた、その強さや高貴さゆえに苦しむ者を崇敬する。もしその強さが勝利するならば、われわれの崇敬は恐怖や嫌悪にさえ変わることもある。勝利する強さは常に力や狡猾さと混ざり合っている。ゆえに、われわれの最大の崇敬は、勝利を得るにはあまりにも純粋であるゆえに憐れむことができるような強さのために取り置かれるのである。

イエスは自らの生涯を憐れむべきものとは見なさなかった。イエスは女たちの嘆き悲しみを否定した。「私のために泣くな。自分と自分の子どもたちのために泣け」。イエスは、表面的に考えるならば悲劇的人物であるが、実際はそうではない。キリスト教は悲劇を越える宗教である。涙は死とともに勝利に呑み込まれる。十字架は悲劇ではなく悲劇の解決である。ここで苦しみは、まさに神のいのちへと移されて克服される。十字架は救いの基礎となる。しかし十字架は、大多数の生を決めてしまう衝動と偶然というカオスから逃れることができるほどに人生を深く理解していない者たちへの憐れみの涙を有する。「私のために泣くな。自分と自分の子どもたちのために泣け」。

I

「自分たちのために泣け」というこの勧告は、キリスト教的人生観では、通常の人間における《悲劇的》〔tragic〕というよりは《哀れな》〔pitiful〕ものについての認識である。「悲劇的」という言葉は通常、たいへん大雑把に用いられる。それはたいてい、全く悲劇的なものではなく哀れなものを指し示している。真の悲劇においては、英雄は悪しき力に立ち向かい、その魂の高潔さを誇示する。英雄が苦しむのは、かれが強いからであって弱いからではない。かれは、その悪徳ではなく美徳によって罪に関与する。このような生の悲劇の段階は、ほんのわずかな者たちが達するものである。大部分の人間は、弱さと失望と混乱の中で死に至る。われわれはその者たちのために泣く。しかし、その涙の中には、アリストテレスが真の悲劇の証明また結果と見なしたような、「憐れみと怖れ」による浄化はない。そこには憐れみはあるが怖れはない。トマス・ハーディの小説は、このような憐れむべき登場人物で満ちている。かれらは情熱によって動かされ、かれらの人生は環境によって決められる。かれらは脆い器であり、奇妙な模様をその人生に織り込んでいく不可解な運命の犠牲者であり続ける。ハーディは悲観主義者であったゆえに、その登場人物は悲劇的ではない。ニーチェは、悲劇は悲観主義と楽観主義を超えるという主張において正しかった。しかし、ハーディの登場人物は十分に現実的である。なぜなら、実に多くの人生が実際に、かれが描く程度のところにあるからである。多くの人生は、挫かれ満たされない欲望と、他人の幸せを犠牲にして満たされ成就された情熱と野望とに悩まされるのである。

われわれの憐れみはしばしば、そのような生に対するほうが大きい。なぜなら、そのような生は、自らのために泣きはしないからである。一時的な苦痛ゆえに涙を流すことはあるかもしれない。しかしその涙は、苦痛の意味を概観するほどまでに、または、苦痛を引き起こす混乱を鎮めるほどまでに、その運命を凌駕するわけではない。憐れみはみな、劇の演者の中ではなく観客の中にある。なぜなら、観客は、登場人物には把握できない意味を見出すからである。イプセンの悲劇において、われわれの憐れみは通常、非現実的な社会の因習の犠牲者や主人公のために生じる。登場人物たちは、罪深い道徳性によって、また、因習的正しさの背後に隠されているエゴイズムによって、自らに、また、互いに悲惨な苦痛を招く。したがって、イプセンが描くのは、人間の罪深さによる哀愁である。このことは、イプセンの最も純粋な悲劇的人物であるブランドにおいても真実である。ブランドは、その妥協なき理想主義によって苦しむ。しかしそれはむしろ、その理想主義が権力への無自覚な衝動を映すスクリーンであるゆえに苦しむのである。イプセンは現実主義者であった。そしておそらく、現実主義者は偉大なる悲劇を書くことはできない。現実の生において哀愁は悲劇を圧倒し、観客は、崇敬なしに憐れみのみを感じる。もし、劇の登場人物に、自分の行為を決定する力についての一層大いなる理解があったならば、かれらをとらえ、破滅に投げ込む力や運命に対して、何らかの英雄的抵抗に立ち上がるであろう。われわれはかれらのために泣く。なぜなら、イエスの、エルサレムの婦人たちに対する「私のために泣くな。自分と自分の子どもたちのために泣け」という言葉を登場人物たちは聞き入れることができないからである。このことは、戦争のいわゆる悲劇的犠牲者の大部分に当てはまる。その者たちは勇気と忠誠を持っている。しかし、その勇気と忠誠が、今日、国家と国家を対立させるようなあらゆる盲目的で無秩序な諸力へと、かれらを一層確実に引き渡すのである。そのような者たちについては、ヴァチェル・リンゼイ(1)によってうまく言い表すことができるだろう。

かれらは奉仕しているのではない。奉仕する神がいないのだ。
かれらはただ飢えているのではない。望みもなく飢えているのだ。

かれらはただ死ぬのではない。屠られる羊のように死ぬのだ。

戦争の真の悲劇的英雄とは、最も偉大な犠牲を払う兵士ではなく、人間の心の中の、暗く自覚されざる源泉と、それに見合う解決法とを十分に理解しつつ戦いのカオスに身を投げ入れる、まれにみる洞察力を持つ魂である。真の悲劇的英雄は、これらの諸力を否定もしなければ、その手先や犠牲として屈服することもない。自覚せざる犠牲者たちと共通の人間性を認識しているからである。

II

無論、通常の生をすべて《哀れ》という範疇の中で把握することはできない。また、純粋な悲劇を、偉大なる高貴さと強さを持つ稀有の英雄だけのものとすることはできない。真正の悲劇は、哀れなことと奇妙に混ざり合っている。盲目なる運命とカオス的な衝動の犠牲者が、弱さのみならず強さによっても、また、盲目さのみならず、ある高貴な目的によっても苦しみに陥るときにはいつでも、このことが自ずと露見する。こうして、オセロはデズデモーナへのまさに愛の情熱ゆえに、残忍な嫉妬に陥る。かれの強さは弱さの元となる。同じように、イプセンのペール・ギュントも苦

(1) Vachel Lindsay (1879-1931). アメリカの詩人。

しむ。なぜなら、人間の想像力を掻き立ててきたあらゆる激情に右往左往させられ、また、人間の分際にはあまりにも大きな、とてつもない野望に動かされるからである。イプセンは『野鴨』において、悲劇的苦悩を一層露わに描いている。ここでは、過去に汚点をもつ平凡な婦人が、自己義認的な夫の弱点によって引き起こされた悲しみを担う。夫は、あまりに単純な威厳と忍耐を持つゆえに、彼女の苦悩は《哀れなこと》から《悲劇》となる。このような半悲劇的人物の類に、シェイクスピアのリア王も入れなければならない。リア王は、その愛と鈍感さの犠牲者であるゆえに、自分を嫌う娘たちを愛し、自分を愛する娘を嫌う。

これらの文学の登場人物はみな、人間存在の実相を映し出している。それは、いつも次のようなときに明らかになる。すなわち、人が、その強さゆえに苦しむのではなく、そのような苦しみにおける強さや威厳が、哀れな者が一層高貴な範疇に引き上げられ、弱さが威厳へと変えられることを示すときである。この範疇においてわれわれはまた、罪もないのに不当な扱いを受ける者を数え上げることができる。それは、動かしがたい悪に対する何らかの勇敢な反抗によるのではない。単に、その者たちは、罪ある者たちと人生を共にするように結びつけられているゆえにそうなのである。たとえば、道を踏み外した子どもによって悩む母親や、わがままな夫に悩む妻などがそうである。その者たちは、何らかの平静さや想像力を得ることによって苦悩を変容させる。そして、苦悩は自然の運命であることをやめ、精神的勝利となる。

このような型の苦悩はまだ、最も純粋な悲劇へとわれわれを導くわけではない。純粋な悲劇において、苦悩は自ら招くものである。英雄は、自らに起こったことを変えるのではなく、自らの行動によって苦悩に踏み込む。悲劇についての最も純粋な概念を考えるために、ギリシア劇、特にアイスキュロスとソフォクレスの劇に目を向けることにする。ギリシア悲劇の英雄は、神に逆らうゆえに、もしくは、かれにとって一層高い義務と思われるものの名のもとに何らかの歴史上の道徳律を破るよう強いられるゆえに苦悩する。かれはまさにその強さによって死ぬ。プロメテウスの神話において、英雄は、全き人間ではなく、人間にあらゆる技術を与えるためにゼウスに逆らう半神である。この神話においてわれわれは、人間の最高度の企てにもつきまとう、高慢という避けがたい罪についてのキリスト教的考え方にかなり近づくことになる。人は「傲慢」によって罪に陥り、神の嫉妬を引き起こす。しかし神は、単に正義の神であり、愛の神とは理解されていないゆえに、正義にも至らない神である。そのような神は報復的である。言い換えれば、プロメテウスの神話は、背伸びしすぎることによる人間の性懲りもない自滅を認識している。しかし、その問題についての解決は何も見出されない。確かにアイスキュロスは、人間は中庸を守ることによって思慮による解決を取り入れなければならないと繰り返し示唆している。それはまさにアリストテレスの倫理学の基礎になった。しかし、アイスキュロスの英雄たちが悲劇的に高貴なのはまさに、かれらが作者の高邁な勧告を無視するからに他ならない。

アイスキュロスの劇の構想は、かれの哲学よりも深遠である。なぜなら、かれの劇は次のことを知っているからである。すなわち、人間は、あらゆる物事を相互の秩序ある関係に至らしめようとする理性的能力のみならず、天を見渡し、星々に恋い焦がれ、知性がこしらえる思慮による小さな体系を打ち破る想像力を備えていることを知っているのである。人間のあらゆる創造性の元になっているのは、この想像力である。しかしそれは、あらゆる人間の悪の源泉でもある。ギリシア悲劇が、そのデュオニュソス神話的な源泉に近づくほどに、その悲劇は、合理的道徳性に対するこの巨大な反逆を示す。なぜなら神話は、ギリシアの哲学者たちが知る由もなかった生の核心についての無意識的な洞察を体現しているからである。哲学者たちは、われわれの時代の道徳哲学者たちと同様に正義の体系を構築した。しかし、もしその体系に従う者がいたならば、善も悪も破壊されていたことだろう。悲劇詩は、悪は人間の生の最も創造的な力に不可分に巻き込まれているという考え方の枠を超えることができなかった。それゆえに、アイスキュロスのこの考え方の立場からすれば、生はひたすら悲劇的であった。生は、創造性の最も高貴なほとばしりにおいて自らを破壊した。その創造性は、神の嫉妬によって人間の努力の上に置かれた限界に常に違反したのである。

しかし、プロメテウス神話のモチーフは、それがギリシア悲劇で繰り返されるとしても、主題的な基調ではない。「プロメテウス」と銘打たれたものにおいてのみ、そのモチーフは明確に表現される。アイスキュロスとソフォクレスの他の悲劇の大部分において、悲劇は、社会の因習に対する反抗における、意識されざる人間の衝動についての、英雄の意識的な肯定から生じるものである。社会に必要な道徳的構想に対する反抗というほどではないにしても、そうなのである。こうしてアガメムノンは、その娘であるイフィゲニアを、かれの軍事的企ての成功を保証するために殺し、神のいけにえとして献げる。クリテムネストラは、娘の復讐のためにアガメムノンを殺す。オレステスは、父に復讐するために母を殺す。エディプスの場合におけるように、しばしば、犯罪は知らず知らずのうちになされる。というのは、エディプスは、うかつにも父親を殺して母親と結婚したからである。しかし、全体として強調されているのは、過失による罪ではなく、道徳律への反抗における、何らかの、魂の原始的で強力な、また、無自覚でもある熱情を肯定するゆえにその英雄を覆う罪である。人間の意志は、その意識下にある、あらゆる暗い、膨れ上がった、しかしまた、荘厳で高貴な衝動による行動に踏み込む扉とされる。アイスキュロスの悲劇の中でもおそらく最も深遠なものである『エウメニデス』において、オレステスの母親殺しは入念に分析されている。その行為はアポロの命令によってなされ、オレステスはその行為を女神アテナによって正当化されていることは明らかである。しかし、報復の怒りに追い回されるのもオレステスである。かれは社会の因習を打ち破っただけではない。かれは実際に悪をなしたのである。かれは母親を殺している。しかし、かれの父親の記憶への忠義がその行為を促したのである。そして、この忠義は、アポロによって吹き込まれたものと理解されている。

こうして、ギリシア劇の悲劇的モチーフは、プロメテウス的かデュオニュソス的（フロイト的）のどちらかである。プロメテウス的な場合、人間の想像力は、無限なるものに向けて戦うゆえに、良識的な道徳性の形式を打ち破る。一方、デュオニュソス的（フロイト的）な場合、人間の想像力は、普通の人間の意識下にあり、適正な道徳の境界を踏み越える結果を招くような熱情と衝動の表現であるゆえに良識的道徳を打破するのである。こうしてギリシア劇は、人間の精神の高さと深みを見渡し、良識によっては十分に把握も抑制もされない次元の全体を暴露する。しかし、悲劇的英雄は、このような熱情と野心の単なる犠牲者ではない。自分自身の行動においてかれは進んで、意識されざる衝動や、より劣った人間においては不可解な必要性であるはずのものを承認する。そのような意味において、ギリシア悲劇はロマン主義的でもあり貴族的でもある。ロマン主義的というのは、ギリシア悲劇は、デュオニュソス的衝動とプロメテウス的意志という自然と無限の次元において、いかなる結果になろうとも人生を肯定するからである。貴族的というのは、少数の大物と英雄だけが、通常の人間を抑制する境界をあえて打ち破るからである。ギリシア悲劇は、生の活力は生の法則と対立することを明らかにする。ギリシア悲劇は、この事実から、悲観的もしくは消極的な結論を引き出すことはしない。悲劇的英雄はただ、人間存在のあらゆる次元を表現するために法則を破ることを引き受ける。アリストテレスやプラトン的な貴族は、理性が感情の上に置いた制限によって劣位の人間に対する優位を示す。しかし、悲劇的英雄は、そのような貴族とは正反対の理由によって貴族なのである。

悲劇的英雄の一つの弱点は、かれが常に「わたしのために泣け」と叫んでいることである。かれは、自らの美徳を褒めそやし、自らの行為を正当化する合唱隊を必要とする。かれは、自らの真の偉大さに感謝するよう下々の者に要求する。言い換えれば、古典的悲劇には、自己憐憫という避けがたい要素がある。マシュー・アーノルドは、その詩「最後の言葉」の最終節において、この要素を表現している。

もう一度攻撃しろ、そして沈黙せよ。
そして愚者の砦が陥ちた時、
駆けつけた味方の勝利者に、
城壁の傍らに倒れた君の遺骸を弔わせるがいい。(2)

嘆き、感謝し、崇拝するこのような観客なしに、悲劇の英雄は何をしようというのであろうか。それゆえ、内なる必然性によって法則を破る偉大な人間に代わって法則を守る下々の者たちの憐れみが必要である。このことは、ギリシア悲劇の核心における未解決の葛藤を象徴する。ギリシア悲劇は、生の真の中心が、その法則にあるのか、その活力にあるのか、どこにあるのかを知らない。ゆえに、強き法則の違反者たちが不名誉を被らないように、弱き法則の遵守者たちがかれらを讃えなければならないのである。

(2) 小菅東洋『マシュウ・アーノルドの詩研究』(研究社出版、一九八九年)、三一〇頁。

Ⅲ

生についてのキリスト教的見方とギリシア悲劇的見方との相違がいかに広く深いとしても、現代の文化を支配してきた功利主義的な合理主義と、そのいずれかとの類似以上の大きな類似性が、生についてのキリスト教的見方とギリシア悲劇的見方の間にあることは明らかである。キリスト教もギリシア悲劇も、同様の深さで生を測定している。また、いずれも、次のような単純な思い込みに自らを委ねることはしない。すなわち、人間存在の巨大な力は、それが意識下から生じたものであれ、人間の限界の水準を突破するものであれ、良識的な合理性による何らかの小さな目論見の統制のもとに簡単に置くことができる、という思い込みである。

キリスト教とギリシア悲劇は、罪と創造性とは不可分に織り合わされているということにおいて合意する。しかしキリスト教は、あらゆる人間の創造性における罪の不可避性を、人間の生の本性における生得的なものであるとは見なさない。確かに、罪は自由より立ち現れ、人間が自由であることによってのみ罪は可能となる。しかし、罪は自由においてなされるゆえに、生ではなく人間にその責任がある。罪は確かに、あらゆる創造的行為に伴う。しかし、悪は創造性の一部をなすものではない。悪は、存在の調和を破壊する人間の自己中心性と利己主義の結果である。人間が悪をなすという事実は称賛の機会ではなく、憐憫の機会である。「自分たちのために泣け」というイエスの言葉は、自らを罪と犯罪に巻き込むあらゆる者への勧告であり続けている。それが、自身の意志よりも大きな諸力への無意識の服従であろうが、それらの諸力の意識的な肯定であろうがそうなのである。

国家であろうが、国家の支配者たちであろうが、政治的もしくは経済的また工業的支配者たちであろうが、現代の大物と英雄たちを概観するならば、かれらの真の姿についてのこのようなキリスト教的判断が確かに正当なものとされるのは間違いない。これらの国家と指導者たちは、哀れなほどに自らを踏み越えている。かれらの強さはかなり明白に偽りである。それは、強さを装った弱さである。それは、劣等意識による高慢である。それは創造するかもしれないが、それ以上に破壊する。その強さは、束の間の栄光のためにヨーロッパを大量殺人に巻き込む。それは、アガメムノンのように、次のような幻想のもとでイフィゲニアを犠牲にする。すなわち、勝利のために娘を犠牲にする父や、その子たちを犠牲にする国家は、その公平無私を証しするという幻想である。そのような強さは、父の公平無私ではなく、人間の高慢がその供犠の主要な動機であることをアガメムノンと同様に忘れているのである。

無論、人間の企てに真の悲劇的要素があることは認めなければならない。それはひとえに、高貴さと強さ、尊厳と創造的野心とが、この罪と混ざり合い、しばしば人間の企てを一層破壊的なものにするからである。かくして日本は、中国よりも一層大きな究極的不安定さの中にある。なぜなら、日本人の愛国心は中国よりも大きな統一と力を有する国家を造り上げ、一層大きな危険と、究極的な破滅の確実性とともに一層大きな賭けに出ているからである。同様に、大英帝国は、イギリスの国政術の確かな達成なしに築き上げることはできなかった。その国政術とは、道徳性を政治的目的に奉仕させるということである。しかし、帝国を築いたイギリスの支配階級もまた、その最初の成功の原因になったのと同じ階級の特性のいくつかに突き動かされる政治による破滅を内包している。人間の生における真の悲劇的要素の余地を認めるために裁きをどれほど抑制しようとも、「自分たちのために泣け」という総体的な告発においてキリスト教は正しい。罪とは哀れなものなのである。

この言葉を発した救い主は十字架上で死ぬ。イエスは、自分が罪を犯したゆえにではなく、罪を犯さなかったゆえに死ぬ。イエスはそのことによって、罪とは人間存在の大部分を占めるものであるゆえに、《罪なきこと》はその中で自らを保つことができないことを証しする。しかしイエスはまた、罪は生における必然的で生得的な特性ではないことも示す。悪は神の一部でもなければ、本質的人間の一部でもない。この救い主は、神の善さと人間の本質的善さ、言い換えれば第二のアダムを啓示する。イエスは確かに歴史において敗れたが、まさにその敗北において、イエスは究極的には敗れざる方であることを示す。言い換えれば、ご自身の中で悪を呑み込み滅ぼすのが神の本質であるとイエスは啓示する。生は、その最も深い本質において、ただ善いものであるだけでなく、その生の中に造られた悪を滅ぼすこともできるのである。それゆえに、生は自らと争うものではない。その活力は、その秩序と対立しない。ゆえに、救い主が「私のために泣くな」と告げるのは真実である。キリスト教は悲劇を越えてゆく。この十字架上の方のための涙があるのならば、それは

「憐れみと怖れ」による涙ではありえない。十字架は、それ自身と食い違うかたちで生を明らかにするものではない。それどころか十字架は次のことを明らかにする。すなわち、生自体における生得的な欠陥と思われているものは実のところ、それぞれの人間の心の中の偶発的欠陥であり、人間が自身の自由において犯す罪という欠陥である、ということである。人がもしその事実に気づくことができるならば、また、自分たちのために泣くことができるならば、そして悔い改めることができるならば、その者もまた救われうる。人は希望と信仰によって救われうるのである。その希望と信仰は、罪深い歴史において露わにされた生と、その本質的実相における生の特質とを見分けるであろう。

「私のために泣くな」と言うことができる十字架上のこの方もまた、われわれの自己憐憫による涙からわれわれを救うことができる。イエスが生について啓示したことは、自己憐憫の涙を、良心のとがめと悔い改めの涙に変える。悔い改めは、人生や神ではなく自己を告発する。その自責の念の中に希望と救いの始まりがある。欠陥がわれわれの中にあって生の性質の中にないならば、人生は希望のないものではない。もしわれわれが自分たちのために泣くことさえできるならば、自分自身のために泣く必要はないのである。

9　苦難の僕と人の子

イエスは、フィリポ・カイサリア地方に行ったとき、弟子たちに「人々は、人の子を何者だと言っているか」とお尋ねになった。弟子たちは言った。「洗礼者ヨハネだと言う人、エリヤだと言う人、ほかに、エレミヤだとか、預言者の一人だと言う人もいます」。イエスは言われた。「それでは、あなたがたは私を何者だと言うのか」。シモン・ペトロが答えた。「あなたはメシア、生ける神の子です」。

するど、イエスはお答えになった。「バルヨナ・シモン、あなたは幸いだ。あなたにこのことを現したのは、人間ではなく、天におられる私の父である。私も言っておく。あなたはペトロ。私はこの岩の上に私の教会を建てよう。陰府の門もこれに打ち勝つことはない。私はあなたに天の国の鍵を授ける。あなたが地上で結ぶことは、天でも結ばれ、地上で解くことは、天でも解かれる」。

それから、イエスは、ご自分がメシアであることを誰にも話さないように、と弟子たちに命じられた。この時から、イエスは、ご自分が必ずエルサレムに行き、長老、祭司長、律法学者たちから多くの苦しみを受けて殺され、三日目に復活することになっている、と弟子たちに打ち明け始められた。すると、ペトロはイエスを脇へお連れして、いさめ始めた。「主よ、とんでもないことです。そんなことがあってはなりません」。イエスは振り向いてペトロに言われた。「サタン、引き下がれ。あなたは私の邪魔をする者だ。神のことを思わず、人のことを思っている」。

それから、弟子たちに言われた。「私に付いて来たい者は、自分を捨て、自分の十字架を負って、私に従いなさい。自分の命を救おうと思う者は、それを失い、私のために命を失う者は、それを得る。たとえ人が全世界を手に入れても、自分の命を損なうなら、何の得があろうか。人はどんな代価を払って、その命を買い戻すことができようか。人の子は、父の栄光に輝いて天使たちと共に来るが、その時、それぞれの行いに応じて報いるのである。よく言っておく。ここに立っている人々の中には、人の子が御国と共に来るのを見るまでは、決して死なない者がいる」。

マタイによる福音書第一六章一三―二八節

ペトロはイエスの問いに「あなたはメシア」と答えた。イエスは言われた。「この信仰の告白は、あなたが理解することができる以上に真実である。あなたはそう告白することにおいて神の代弁者である。しかし、わたしは、メシアであることが何を意味するかについてあなたが理解しているかどうか今も疑問である。われわれはエルサレムに行き、そこでわたしは苦難を受け、死ななければならない」。ペトロは言った。「そのようなことが許されるはずはありません。苦しむことではなく、勝利することこそが神の使者の宿命です」。イエスは言われた。「あなたはサタンの代弁者になっている」。この言葉によって、ペトロはおそらく、ほんのわずかの間に、神の道具またサタンの道具と見なされたことに少々混乱し、困惑したことだろう。ペトロがサタンの代弁者であったのは、そのありかたにおける半分の間違いにすぎないが〔半面では神の道具であったゆえに〕、それにもかかわらず大きな間違いである。メシアは最後には勝利するだろう。メシアはまず、苦しみ、死に、復活させられるはずである。それから「栄光のうちに」再び来るであろう。ペトロは勝利を理解したが、苦難が勝利とどのように関係するかについては理解しなかった。

I

イエスとペトロのこの対話の意味合いを理解しようとするのであれば、イエスの時代に受け入れられていたさまざまなメシア思想を簡単に振り返っておく必要がある。その一つは、メシアは、偉大な王である第二のダビデであり、その権力と善意を通して支配するという思想であった。この思想を政治的メシアニズムと規定しても不公平ではないだろう。イエスは、これを荒野の経験の中で拒否した。荒野において、この政治的メシアニズムは、世のすべての王国を支配する誘惑としてイエスに到来した。その際、イエスが哀れなペトロを驚かせたのと奇妙に似ている、「退け、サタン」という言葉でそれを拒否したことは重要である。イエスは、メシアの支配のこの政治的概念が誘惑であると非常に強く感じたに違いない。もう一つの、一層人気のあったメシア的支配の概念は黙示的な概念であり、ダニエル書や第四エズラ書やその他の黙示文学に見出される。メシアは、天から降る人のような存在、また超越的な使者であり、その到来の時には全世界の秩序が一変する。自然界それ自体が変えられるであろう。この見解では、それ以前のメシア待望における「良い時」は「時の終わり」となる。天から降るこの人物の名は「人の子」であった。イエスが自分自身に当てはめた名前である。

未来について深く考える人々の間でまったく人気がなかった第三の概念があった。それは、イザヤ書第五三章にある「苦難の僕」の思想である。預言者がこの思想を、誰か特定の人物についてではなくイスラエル全体について用いたことは明らかである。それは人気のある概念ではなかった。イエスが自らのメシア的支配の概念に達したのは、最初のメシア概念〔政治的メシア〕を拒否することによって、また他の二つの概念〔黙示的メシアと「苦難の僕」としてのメシア〕を結び合わせることによってであったことは全く明らかである。この二つが結びつけられたのは、ペトロとのこの対話においてだけでなく、「人の子は必ず多くの苦しみを受ける」〔ルカ九・二二〕という有名な言葉においてである。ペトロは政治的な観点から考えていたのか、それとも黙示的思想から考えていたのか、われわれには知る由もない。確かなことは、苦難の僕の思想に至ることができなかったということである。興味深いことに、ペトロは、イエスから叱責されるとき、これらのことを人間のように考えていて、神のように考えていないとイエスに言われている。こうしてペトロは、究極的な神の問題に人間的な標準を当てはめることで、サタンの代弁者と見なされる立場に立っているのである。

そのような判断の意味合いをさらに考察することは有益かもしれないが、以下の点に戻ってみよう。すなわち、イエスはメシア的支配についての自らの定義にたどり着いたという点である。イエスは、その支配を、力がありながら完全に善なる王でもあるメシアの政治的な希望を拒否することによって開始するはずであった。それどころかイエスは、メシア的支配は、力を伴わない純粋な善によって迎え入れられるべきだと信じた。しかし、力を伴わない純粋な善は、この世界ではそれ自体を維持することができない。それは十字架に終わるのである。それにもかかわらず、十字架が、そのような善が最終的に終わる場所ではない。メシアは全世界の秩序を最終的に転換するのである。人間存在の矛盾は最終的に克服されねばならない。その矛盾とは、権力が神の国のものになるほど十分に善であることを妨げ、同様に、純粋な愛が世界の中でそれ自体を確立するほど十分に力を持つことを妨げるものである。しかし、そうした矛盾が克服されるのは、ただ神の業による。こうした矛盾に由来する人間の行為で神の業に並ぶものはない。ここに、主のメシアニズムの端的な主題がある。それをさらに豊かに理解するためには、三つのメシアニズムのすべてをイエスとの諸関連において再検討しなければならない。

II

イエスによって拒否された政治的思想は旧約聖書の預言よりも古い。それを示すものは、エジプトやバビロンの営みと歴史の双方にある。理想的な世界は理想的な王と共に到来する。その王は、純粋に理想的な目的を果たすために自らのとてつもなく大きな力を行使する。おそらく、プラトンの哲人王は、理想的な王についてのこの古い希望の合理化版にすぎないであろう。この王は、「傷ついた葦を折らず」〔イザ四二・三〕、「地の苦しむ者たちのために公平な判決を下す」〔同一一・四〕。その王の正義は、その洞察において想像力に富む愛に達する。というのは、「その目の見えるところによって裁かず／その耳の聞くところによって判決を下さない」〔同一一・三〕からである。イザヤ書第九章および第一一章には、この希望についての古典的な表現が見られる。おそらく、この政治的希望にも超越的な要素が現れていると言うべきであろう。そのような善なる王は神から遣わされるはずである。すでにエジプトのメシアニズムにおいて、エジプトの太陽神ラー自身がそのような王としてこの世に降ってくるという考え方があった。

この政治的希望の非有用性を分析するとしたら、われわれは、あらゆる政治的ユートピアニズムのかなり一般的な原理に至るかもしれない。この思想に伴う問題は、人間の歴史におけるあらゆる力はあまりにも不公平であるため善ではありえないということである。ホセアはこのことに気づいた最初の預言者であった。「あなたの王は今、どこにいるのか。あなたを救う者はどの町にいるのか」〔ホセ一三・一〇〕。ヒトラーが実際に、ドイツ人が想定した神から遣わされた支配者であるとしたら、ドイツが勝利するために犠牲になった国々に対するヒトラーの態度は、神から遣わされている者のそれであったようには見えない。このことは、国家間の力の行使におけるのと同様に、一つの国家の営みにおいても真理である。社会を組織する力は特定の集団によって行使される。しかし、その力がその集団に依存する限り、その集団は、自らが標榜するように公共の福祉に明白に関心を持つことはないであろう。共産主義者は、力のこの不公平をすでに除去したと考える。独裁体制が、公共の福祉に反対する人々を除くすべての人の利害を認めるような階級なき社会においてそうだというのである。しかし、こうしたユートピア的夢を、歴史の残酷な事実がいかにあっけなく覆すかということは、モスクワ裁判(1)が示している。ロシアの独裁体制は、「少数独裁体制に楯突いたトロツキーは、実のところファシストである」と示そうとする避けがたい衝動の下に置かれていた。それは、夢と現実との隔たりをごまかすためであった。政治とは常に力の争いである。せいぜいそれは、力の一時的な平衡に行き着くだけである。アウグスティヌスは、「世界の平和は対立に基づく」と言った。あからさまな対立よりもひそかな対立の期間のほうが長いかもしれない。しかしひそかであっても、それは神の国の愛と調和ではない。イエスはおそらく、メシアニズムの政治

(1) スターリン時代、ソ連政府が行った反革命分子に対する公開裁判。

的側面を、そのような恐るべき誘惑と見なしたのであろう。なぜなら、政治についての幻想は、最も有害な結果をもたらすからである。そうした幻想は、特定の権力の避けることのできない不正を宗教的に浄化することにつながる。こうしてロシアは、その偉大な業績にもかかわらず、その支配の単なる相対的な正義に対して無制限の宗教的神聖さを主張する点で、バビロニアやエジプトの祭司王の政治的戦略への部分的な復帰なのである。

したがって、正義を人間の集団的生において達成する力の均衡が神の国に属していないからといって、われわれには力の均衡のためにすべきことは何もない、ということにはならない。われわれは、神の国が確立されていない世界に生きている。そこでは、愛の王は十字架につけられる運命にある。それゆえ、生の広い領域では、われわれの関心は、生が生を破壊するのを防ぐことでなければならない。この基本的な正義の問題は、善なる王の理想に戻ることによっても、力を伴わない純粋な善を世界に導入しようとすることによっても解決されえない。フランク・ブックマン(2)とオックスフォード・グループはこの最初の思想〔善なる王の思想〕に巡り合った。かれらは、ヘンリー・フォードやアドルフ・ヒトラーの回心によって地上に神の国ができることを夢見た。平和主義やその他の絶対主義の形態は、第二の思想〔力を伴わない純粋な善の思想〕を適用しようとした。かれらは、力を伴わない純粋な善の理想を、単純な道徳的可能性と見なしている。その道徳的可能性は、毅然とした道徳的決断においてのみ適用されることを待つものである。それらの思想は、人間本性における罪深い矛盾を理解していない。また、純粋な愛の観点に立って生きようとする人間でさえ、他者がそれから防御されなければならないような、生における利己心の本質を露呈していることに気づいていない。罪深い人間はみな、たとえ、生の律法が愛であることを自身が理解したときでさえ、正しい者として完全に信頼されることはない。その利己主義が抵抗に遭うことがない限りそうなのである。われわれは依然として、神の国の法が示されているとしても、なお神の国に達していない世界に生きているのである。

Ⅲ

この事実を一層豊かに理解するためには、《苦難の僕》の思想の意味を分析することが必要である。苦難の僕は、善を力によって世に押しつけることはない。むしろ、苦難の僕は力なきままに、力あるものの不義に苦しむ。とりわけ、あらゆる人間の義がいかに不義に満ちているかを理解しない義人の罪に苦しむ。世界の救い主が十字架につけられるのは、犯罪者や明らかな悪人によってではない。パウロの表現を用いれば「この世の支配者たち」〔一コリ二・八〕によって犯罪者とともに十字架につけられる。愛は生の律法である。しかし、愛が相対的な正義と、平衡状態にある利己主

(2) Frank Buchman (1878-1961). アメリカの牧師、道徳再武装運動の指導者。そのグループがオックスフォード・グループと呼ばれた。

義の世界に立ち入るとき、それは世界の中で打ち砕かれる。苦難の僕は十字架上で死ぬ。この逆説は、ヨハネによる福音書に完璧な形でこう表現されている。「言は世にあった。世は言によって成った……言は自分のところへ来たが、民は言を受け入れなかった」〔ヨハ一・一〇〕。すなわち、人間の本性はその存在の原則から逸脱しており、また、その本質的な本性から疎外されているということである。キリストは人間の本質的な本性であり、パウロの表現を用いれば「最後のアダム」〔一コリ一五・四五〕である。しかし、最後のアダムは、リベラルな教会が信じてきたこととは異なり、罪深い人間の本性にとっての単純な道徳的可能性ではない。最後のアダムは、最初のアダム、とりわけ罪を食い止める政治や教会や行動規準を作り上げようとする最初のアダムによって十字架につけられている。イエスは、祭司長や長老たちやこの世の支配者たちによって殺された。そして、イエスの主たる反対者は、当時の最良の人々であったファリサイ派である。

このように、神の国が世界に入ってきたとき、それは、世界によって裁かれ、あらゆる暫定的な調和と相対的な正義にとって危険なものと目された。しかし、同時に神の国は、世界がそれを断罪しているまさにその瞬間に世界を裁いてもいる。キリストが世界に導き入れた愛の戒めは「初めに」〔ヨハ一・一〕存在した。そして、キリストが明らかにした生は、生の範型そのものである。世界は、原型であるキリストの生が示されるまでは、その範型からどれほど外れてきたかについて知らない。それゆえイエスは、福音の意味を表現しているヨハネ文書において、それがイエスの言葉そのままではないにしても、次のように断言した。「私が来て話さなかったなら、彼らに罪はなかったであろう。だが今は、彼らは自分の罪について弁解の余地がない」〔ヨハ一五・二二〕。罪深い世界は神の国によって滅ぼされるのではない。そうではなく、神の国が完全に明らかにされるのである。神の国の次元を真に理解している者は誰でも、この世の国については幻想を抱かなくなる。その者は、この世の国の権力や、力の均衡による相対的な正義が神の国ではないことを知っている。罪の無秩序がなお、この世の国にあることをかれは知っている。もしかれが、相対的な義によって無秩序を緩和しようとするとするならば、かれは、その義を神の国の義とは見なさないであろう。神の国の義はその義の上にあり、それを断罪するのである。その裁きを受け入れないとしたら、つまり、悔い改めないとしたら、神の国への入り口はない。というのは、そのように悔い改めることがなければ、人々は、世界の善は悪に満ちており、世界の秩序と平和は対立する諸力の休戦状態にすぎないことを知ることなくこの世界に生きているからである。悔い改めることがなければ、自身の力を通して平和をつくり出してきた者は、自分たちが純粋な平和をつくり出してきたと勘違いする。そして、かれらの平和の敵は神の敵であるという思い込みに煩わされる。悔い改めることがなければ、この世の支配者たちは、祭司であれ総督であれ、主を再び十字架につけるのである。

しかし、主と神の国が受け入れられるとしたら、どうなるだろうか。生の原則が理解されるとしたら、どうなるだろうか。そうなればその者は単純にそれによって生きることができるのだろうか。近代の教会は、通常、この問いに単純に肯定的な返答をしてきた。その返答は、神の国が悲劇的なかたちで世界に入ってくることを忘れてきたことを露呈している。「栄光の君」は十字架上で死ぬ。

言い換えれば、近代教会はペトロの過ちを繰り返したのである。実際のところ、近代キリスト教の混乱の全体は、次のようなペトロに対するイエスの対照的な判断の観点から考えることができよう。「ペトロよ、あなたは理解している。それゆえあなたは神の代弁者だ――ペトロよ、あなたは理解していない。それゆえあなたは悪魔の代弁者だ」。近代教会の単純な道徳主義は神の国の思想の腐敗である。それは、その道徳主義が神の国の思想を最も深く洞察するまさにその瞬間に起こる腐敗である。その誤りは、愛の律法が単純に世界に広く行き渡ると信じていることであり、それが善人の確固たる行動のみを要求していると信じていることである。その過ちは、敵を赦すならば敵はそれに応じて和解してくると信じている。しかし、敵はあなたの赦しの精神を利用するかもしれない（白人は黒人の赦しの精神を利用してこなかっただろうか）。その誤りは、もし近代国家が武装しないで敵から自らを防御するほどに大胆でありさえすれば、その敵を恥じ入らせて善良にさせるだろうと信じている。しかし、第一次世界大戦後の無防備なドイツは、その敵の復讐心によって狂気へと駆り立てられた。これらの敵は今、報復の欲求に満ちたドイツの軍備に遅れを取らないように必死になって武装を進めている。人間の罪は常にこうした悪循環に自らを巻き込む。その悪循環は明らかにあまりにも危険であるため、人間の罪の深さを理解しない善人は、罪がそれ自体ばかげたものになりおおせ、神の国の戦略に道を譲るであろうと常に想像する。残念なことに、人間の歴史には、この希望を具体化するものは何もないのである。

神の国が十字架の道を通って世界に入ってこなければならないことには変わりはない。力で武装した善は腐敗し、力を伴わない純粋な愛は打ち砕かれる。それが時折成功したとしたら、そして実際そのようなことは起こるが、それは、われわれにとって、神の国が可能性だけでなく現実でもあるという事実の活力に満ちた創造的な象徴となる。しかし、それを確立された現実としてのみそれに信頼するとしたら、そうする者は誰であれ失望するであろう。「悪霊どもがあなたがたに服従するからといって、喜んではならない。むしろ、あなたがたの名が天に書き記されていることを喜びなさい」〔ルカ一〇・二〇〕とイエスは言った。もしあなたが、実際に悪に勝利することができるのを喜ぶとしたら、勝利を確信する場合にのみ行動に踏み切るであろう。このように、純粋な行動による成功を当てにすることから始まるあらゆる道徳は、行動の純粋性を、その成功への関心に貶めることとよって終わりを告げることになる。慈善活動に関する教会の道徳的混乱の全体は、そのような論理の帰結である。慈善は通常、権力者による弱者への寛大な譲歩である。それは通常、社会的力の均衡には関わらないゆえに、正義に劣るものである。慈善が次の段階へと進み、正義の基本的平衡への挑戦から弱者の注意をそらすように強者が慈善を利用するやいなや、慈善は堕落して正義の敵になる。こうして、神の国の勝利についてのあらゆる安易な保証は、人間の状況を偽り、人々を騙して人間の歴史の悲劇について偽りの概念を植えつける。成功が、十字架において方向づけられた行動の、意図されたというよりも意図されていない結果である場合、その成功は再臨の象徴となる。それは、神の国が、たとえさしあたっては敗北しているとしても、究極的には敗北していないことを思い起こさせるのである。

キリスト教史のあらゆる時代を通じて、あらゆる生の相対性を突き破り、キリストによる諸原則によって純粋に生きようとした信仰深い人々がいた。カトリックの修道士たちは全体として、この生き方に含まれる問題を、近代のリベラルなキリスト者よりも理解していた。かれらは禁欲主義を維持していた。そして、世界が生きるために必要な正義の相対的な標準を確立することには責任がないと考えていた。かれらは、そのような責任は不可避的に、ある家族を他の家族から、また、ある国を他の国から守ることに人を巻き込むことを理解していた。おそらくかれらは、禁欲主義者がどの程度その同胞の罪に寄食しているかを十分に理解しなかったであろう。またそれゆえに、禁欲主義者が同胞よりも道徳的に優位であると主張すべきではないことも理解しなかったであろう。もし、禁欲主義者がまさにそのことを理解し、ファリサイ主義の罪を免れるとしたら、かれは、キリスト教共同体に、次のような事実について思い起こさせる価値ある存在となるかもしれない。それは、神の国が来たという事実であり、また、神の国の法則が生の法則であるという事実である。たとえ、人間が罪の世界において、神の国の法則への服従によっては自らを維持することができないとしても、そうなのである。

Ⅳ

これまでなされてきた議論はわれわれに次のような結論をもたらす。すなわち、歴史的存在には、人間の本性が巻き込まれている矛盾から、つまり「私の五体には異なる法則があって、心の法則と戦」っている〔ロマ七・二三〕という事実から逃れることは最終的にできない、ということである。これは当然のことながら、われわれを、神の国についてのイエスの理解における最終的な要素へと導く。イエスは、自身を苦難の僕であるのみならず、「人の子」でもあると見なした。人の子についての歴史的な概念によれば、人の子は「天から降って来た者」〔ヨハ三・一三〕である。それは、初めから存在し、終わりには、世界がそこから外れた生の範型を世界に導入することになる存在である。しかし、黙示文書の記者たちは、この最終的な完成が全世界の秩序の変革をも含むことを極めて明白に述べていた。この新たな世界は、「永遠の命」のようなギリシア的概念ではなく、変革された時間的秩序である。この新たな世界の秩序を表現しようとするとき、そこに時間性と永遠の双方の象徴が現れる。人間は一〇〇〇年を生き、なおかつ老いることはないであろう。それでいて、過去の義人たちは復活させられるであろう(3)。

こうした考えのあるものはあまりにも現実離れしているため、合理主義者たちはそれらを軽蔑の対象にしてきた。一方、千年王国説(4)を重んじるセクトは、いくつかの謎めいた象徴が、かれらの特定の希望や偏見の証拠となることをどうにかして証明しようとしつつ、ダニエル書や黙示録の

(3) 黙二〇・四―六などを想起していると思われる。
(4) 終末の審判に先立って、再臨のキリストが一〇〇〇年の間統治する地上の王国が出現するという信仰。

奔放な空想に耽ってきた。そうではあるが、メシアの再臨（とキリスト教以前の黙示文学における超越的メシアの到来）の思想には、キリスト教の最も基本的な逆説の何ほどかが含まれている。この「パルーシア」（再臨）の希望における二つの最も基本的な思想は、第一に、創造それ自体悪ではないゆえに、世界の贖いは、創造の破壊を要求してはいないということであり、第二に、あらゆる人間の行動には罪の矛盾が存在し続けるゆえに、贖いは神よりもたらされるということである。

その思想はまず、神話を年代記的に受け止める観点からのみ表現されうる。これは、あらゆる神話がそうであるように、錯覚につながる。この場合は、世界の終わりについての年代記的錯覚に至る。しかし、あらゆる真の神話におけるように、その概念を純粋に理性的な言葉で表現することはできない。救いは歴史の終わりにあり、歴史を超える何らかの永遠の領域の中にあるのではない。なぜなら、キリスト教は、預言者的な思想と同様に、創造を悪と見なさず、また、特殊化ないし個人化が混乱の始まりだとは信じていないからである。単純に表現すれば、キリスト教は、人間が自己であるからといって自己中心主義者である、とは信じてない。罪は人間の自由から生じるのであって、人間の個人性から生じるのではない。したがって、次のような理想的可能性はある。すなわち、個人は、自由であるとはいえ存在の神的中心に深く関わるゆえに、自らのために、そのふさわしい立場よりも大きな地位を不当に占拠しようとはしない、という可能性である。しかし、この理想的な可能性は実現しない。人間は存在の調和を妨げる罪人である。この罪は避けることができないし、人間はそこから自身を自由にすることができない。もし、人間をそこから自由にするのが神であるとしたら、その救いは、あらゆる時間的で個人的な現実を破壊することには関わらない。その意味で神の国は歴史の中にある。

キリスト教は、神の国の象徴を、二元論的宗教と神秘的宗教の双方に抗して維持しなければならない。この象徴によってキリスト教は、歴史的存在は無意味ではないと断言する。歴史的存在における罪の堕落にもかかわらず、また、歴史的存在が、どの知られた歴史の中においても実現しない無制約的な善を指し示すという事実にもかかわらずそうなのである。

歴史はキリストを敗北させるかもしれない。しかしそれにもかかわらず、歴史は生の法則としてのキリストを指し示す。このように、あらゆる愛の行為は、その敗北のただ中にあって究極的な勝利を指し示している。それはちょうどキリスト自身が自らの前に、十字架と、「栄光に輝いて天使たちを皆従えて来る」〔マタ二五・三一〕人の子の両方を見るのと同じである。死に至るまで従順であったキリストは、高く崇められ、神の右の座に着くだけでなく、「再び来るであろう」〔ニカイア信条〕。

興味深いのは、千年王国説を奉じる宗教改革時代のセクトが、事実上、新プラトン主義的二元論になっていた悲観主義的で個人主義的なプロテスタンティズムに対して、意味ある歴史という思想を表現するために、再臨（年代記的でユートピア的な錯覚も含む）のこうした象徴をどのように用いたのかということである。人類は、生の法則を冒すことによってその法則を破壊することはない。生の法則は、それを冒す者を滅ぼすしかない場合、歴史の中で行動を起こす。自己を存在の中心また存在の法則とするあらゆる帝国は最終的に滅ぼされる。人類はそもそも完全に堕落しているわけではない。全的堕落は不可能事である。なぜなら、人間は、神の子であるからこそ罪人になりうるからである。人間は、自由を有するからこそ悪をなしうる。そして、自由は人間が神の子であることの徴である。それゆえ、キリスト教的救済思想を純粋に合理的な言葉で表現することは不可能である。というのは、そうした言葉は、時間的存在が、まさにその時間性によって究極的現実の堕落した姿であることを示唆しているからである。生の範型が堕落するのは、歴史的存在によってではなく、歴史的存在においてである。したがって、神の国は歴史の中に到来することになる。

それにもかかわらず、神の国が到来するとき、それは歴史の終わりである。究極的な救いは道徳的な可能性ではない。人間の精神における罪深い自己矛盾は、道徳的な行動によって克服されることはできない。なぜなら、あらゆる道徳的行動は、それが最高の、また最も純粋なものであっても、なおその自己矛盾を表現しているからである。世界は、キリストの法則によって生きることはできない。それは（ルターが言うように）、十分な数のキリスト者がいないからだけでなく、十分にキリストのようになっている者がいないからでもある。人間の社会は、原始的な無垢から成熟に向かって発展を続けていくかもしれない。しかし、この発展の中で、善が悪を最終的に克服することはない。善も悪もともに発展するのである。アウグスティヌスが述べたように、神の国も地の国も共に発展する。したがって、歴史は、歴史の彼方を指し示す問題を提起している。このような思想についてのもろもろの示唆が現れ始めるのは、神の国についての最初期の預言においてである。それらは、黙示的先見者たちが、それらの示唆に内在する論理を最終的結論へと展開させる以前からあった。政治的メシアニズムにおける理想の王でさえ神に源を発する。そして、神の支配下では、ライオンは小羊とともに横たわる。言い換えれば、自然それ自体が改変されるのである。

キリスト教は、自らの預言者的遺産に忠実であるときに、歴史における神の国の象徴を神秘的で合理的な彼岸性に抗して用いるとしたら、同様に、あらゆる自然主義的ユートピア主義に抗しても、歴史の終わりの象徴を用いるはずである。自然主義に特有の弱点は、歴史の永遠的な基礎を拒否することである。また、時間的出来事の経緯が自明で自己完結的であると思いなしながら、その上で、奇妙で矛盾していることには、歴史における無制約的善の出現を望んでいることも弱点である。リベラルなユートピア主義者は、理性が自然の衝動を克服する時、そのようなユートピアを期待する。また、マルクス主義的ユートピア主義者は、階級なき世界が階級間の闘争を破壊した時のユートピアを期待する。どちらの場合も、人間の罪の深刻さが理解されていない。リベラルな者たちは、知性が、生と生の戦いを落ち着かせるだけでなく、激化もさせかねないことを理解していない。マルクス主義者は、資本主義社会の不正が、愛の法則に対する人間の罪深い反逆の一つの形態、あるいは一つの結果にすぎないことを見ていない。マルクス主義者は、所有の国有化に基づいて一層高い正義を待ち望んでいるという点については正しい。というのは、所有を国有化することは、世界における権力の一層高い平衡をつくり出すことを意味するからである。今や世界は、技術社会における経済力の際立って危険な不均衡のゆえに崩壊へと突進している。しかし、この新たな権力の平衡が、権力の必要を排除し、無政府主義的千年王国の先駆けとなるほどに人間の本性を変革すると思い描くとしたら、マルクス主義者は間違っている。

したがって、神の国は歴史の彼方にある。しかし、神の国は、時間を否定するような何らかの永遠の領域ではない。神の国は、時間を成就する永遠の領域である。それゆえ、永遠にとって、象徴を時間の中に据えることは不可能ではない。それがキリストであり、苦難の僕の神の国なのである。しかし、この苦難の僕の敗北が、それ自体の中に究極的勝利の象徴を有するべきだったということもまた可能である。生の基本的な計画が最終的に敗北することはありえない。神の意志は、神の子が十字架につけられてもなお勝利する。まさにその十字架において、神は、歴史的存在の諸矛盾を自らの内に引き受けたのである。このようにして、キリスト教は歴史の悲劇を悲劇ではないものへと変革する。神は、人間存在の根拠としてだけでなく、その目標としても啓示されている。そして、人間の神への反逆は、最終的に勝利することができない空しい努力であることが明らかになる。苦難の僕は《人の子》なのである。

これが、人間の知恵よりも賢い神の愚かさである。

10　価値転換

きょうだいたち、あなたがたが召されたときのことを考えてみなさい。世の知恵ある者は多くはなく、有力な者や家柄のよい者も多くはいませんでした。ところが、神は知恵ある者を恥じ入らせるために、世の愚かな者を選び、強い者を恥じ入らせるために、世の弱い者を選ばれました。また、神は世の取るに足りない者や軽んじられている者を選ばれました。すなわち、力ある者を無力な者にするため、無に等しい者を選ばれたのです。それは、誰一人、神の前で誇ることがないようにするためです。

コリントの信徒への手紙一第一章二六―二九節

I

使徒パウロが、キリスト教と対立するニーチェに与えた最も明確な義認を、われわれはこの断固とした章句に見出す。キリスト教とは、奴隷がその主人になした復讐であるとニーチェは宣言した。「行為による反応が拒まれているために、もっぱら想像上の復讐によってだけその埋め合わせをつけるような者どものルサンチマン」[1]というその「ルサンチマン」に突き動かされて、かれらは貴族階級の道徳の価値を転換し、甘いものを苦くし、苦いものを甘くした。

ニーチェは全く正しい。キリスト教は確かに歴史の価値を転換する。人間の歴史において、富や名声や不死は、知恵ある者や有力な者や家柄のよい者に与えられる。かれらはその生涯において仲間の称賛を受け、かれらの名は記念碑や歴史の年代記に記録される。ゆえに、後世の者たちの記憶から消え失せることはない。かれらの体は仲間たちの労苦によって養われ、その心の高慢は、かれらが牛耳る者たちのへつらいや尊敬や怖れや、またルサンチマンによってさえ保たれる。

しかしパウロは、神の国においては、この世の偉大な者たちの多くが選ばれるわけではないとあえて述べる。かれは偉大な者たちを排除しているわけではない。「多くが召されたわけではない」というのは、かれの慎重な言い回しである。人はここで、金持ちと針の穴についてのイエスのたとえ〔マタ一九・二四〕を思い起こす。金持ちが救われることは人のできることではないが、「神には何でもできる」〔マタ一九・二六〕。パウロのこれらの言葉は実のところ、聖書が総じて強調していることについての手際よく簡潔な要約である。アモスは、「象牙の寝台に横たわり／長椅子に寝そべり／羊の群れから小羊を／牛舎からは子牛を取って食べている。竪琴の音に合わせて歌に興じ／ダビデのように自分たちのための楽器を考え出す。鉢でぶどう酒を飲み／最高の香油を身に塗るが／ヨセフの破滅に心を痛めることがない」〔アモ六・四―六〕者たちへの裁きを告げた。マリアの讃歌は、同じ心持ちによるものである。「〔主は〕権力ある者をその座から引き降ろし／低い者を高く上げ／飢えた人を良い物で満たし／富める者を何も持たせずに追い払い……」〔ルカ一・五一―五三〕。イエスの言葉は、歴史上のヒエラルキーの、神の国における価値転換を同じように示すもので満ちている。金持ちとラザロの話〔ルカ一六・一九―三一〕も、間違いなくそのような意味合いである。ぶどう園の労働者のたとえは、「後にいる者が先になり、先にいる者が後になる。招かれる人は多いが、選ばれる人は少ない」という言葉で終わっている〔マタ二〇・一六、二二・一四〕[2]。八福〔マタ五・三―一〇〕においてイエスは、心の貧しい人々への祝福を告げる。ルカにおいては「貧しい人々は、幸いである」〔ルカ六・二〇〕とされている。そして、価値転換の論理は、「富んでいる人々、あなたがたに災いあれ……今食べ飽きている人々、あなたがたに災いあれ」〔ルカ六・二四―二五〕という当然の結論によって完結する。マタイとルカには実質的には矛盾はない。なぜなら両者は単に、ヘブライ語の、貧困のみならず謙遜という意味合いを含む「地の貧しき者」

（1）ニーチェ「道徳の系譜」より（『ニーチェ全集11　善悪の彼岸　道徳の系譜』信太正三訳、筑摩書房、一九九三年、三九三頁）。

（2）聖書協会共同訳では、「招かれる人は多いが、選ばれる人は少ない」（マタ二二・一四）は、婚礼の祝宴のたとえの末尾の言葉。

(amha-ares)という語のそれぞれの翻訳であることはほぼ確実だからである。要するに、福音の示す価値転換の意味全体を解く手掛かりが、この二つの意味合いの中にある。

有力な、富める、家柄のよい者たちは、まさにその立場が、神の眼からすれば不快な高慢へとかれらを誘惑するゆえに非難される。ゆえにイザヤは告げる。「災いあれ、エフライムの酔いどれの誇る冠に。その栄えある麗しさはしぼんでいく花。……エフライムの酔いどれどもの誇る冠は／足の下に踏みにじられる」〔イザ二八・一―三〕。ニーチェは全く正しい。聖書の思想の全体は反貴族主義的考えに満ちている。それは、人間の達成に歴史が下す評価は神の眼において覆されるという希望と予測を伴っている。

II

問いはこうである。この価値転換は、あらゆる人間の文化の最高の諸価値に対する脅威であるとニーチェは信じているが、それは正しかったのか、ということである。「すべては目に見えてユダヤ化し、キリスト教化し、あるいは賤民化しつつある。この毒が人類の全身をすみずみまで浸してゆく成り行きは止めがたいものにみえる(3)」というその嘆きにおいてニーチェは正当と認められたのであろうか。

答えはこうである。すなわち、もし、歴史が自らその諸価値を転倒させ、有力な者をその座から定期的に追放し、劣位の者を引き上げなければならないとするならば、それはある程度、神の国という規範が正当なものと認める——歴史は常にそれを拒否しているが——ことを強いられることによってのみ起こるであろう、ということである。歴史とは自然である。そして、自然においては、強いものが弱いものを搾取し、抜け目ないものが単純なものを利用する。しかし、人間の歴史は自然以上のものである。それは自由の領域であり、そこでは、自然の不平等は、容認しがたいものとなって自滅するまで、人間の想像力によって拍車がかけられる。こうして、強い者と弱い者、高慢な者と謙遜な者に対する究極の宗教的裁きは常に、一時的には何のおとがめもなく拒否されるが、究極的には歴史において有効となる。

さまざまな階級の卓越した者たちについて、順を追って考えてみたい。「有力な者が多く選ばれるわけではない」。有力な者たちから話を始めるのは、パウロの列挙する順序を変えることになるが[4]、最も明らかに裁かれるべき集団を最初に持ってくるためにそのようにしたい。多くの有力な者たちが召されているわけではない。この世の王国では確かに召されている。そしてまさしくそのようになっている。有力な者は、この世の王国にとってたいへん重要である。かれらは社会を組織する。初期の都市国家や部族を次第にまとめあげた、最初の大きな社会単位である帝国

(3) 同上、三九一―三九二頁。
(4) パウロは「知恵ある者」から説き起こしている。

も、有力な者の手になったものである。帝国は、戦士たちの勇気と祭司たちの狡猾さによって建設される。初期の文明の建設において祭司が演じた部分は、われわれに、力〔force〕と権力〔might〕とを同一視しないよう、つまり、権力を純粋な物理的用語として解釈しないよう警告するに違いない。社会は、宗教的影響力であれ、軍事力であれ、経済的所有であれ、その時代の最も重要な社会的力を有する者によって組織される。この、社会における有力な者の働きは必要にして不可欠である。実に不可欠であるがゆえに、多くの国家社会は、外国の征服者によってのみ統一を達成してきた。

しかし、有力な者は特別な意味において神の裁きの下にある。あらゆる人間の中でかれらは、人間の被造物性の限界を踏み越え、自らを神と思い描く誘惑に最もさらされている。最初期の祭司王〔priest-kings〕と神君〔god-kings〕の時代から現在のヒトラーに至るまで、有力な者がどれほど自らを神格化してきたかということは、かれらが性懲りもなく屈服する誘惑を明らかにする指標である。人間が繰り返す罪は、神への反抗であり、自らを神となす傾向である。あらゆる人間は、この罪に誘惑されている。しかし、有力な者はとりわけ、その誘惑の下にある。数年前に出版された"They Told Barron"というタイトルの、ウォール・ストリートの噂についての興味深い著作がある。(5) それは、アメリカの財界の最有力者の一人へのインタビューによるものであり、しかめ面でやってきた人物について語られた話である。そして、「わたしは自覚的な権力の無自覚な傲慢にずっと服していただけであった」という言葉で、かれの落胆が述べられている。宗教的預言者ならば、この有力な者の傲慢を、第一に、神に対する反抗と見るところである。有力な者には、あらゆる罪深い人間が神の前で持たねばならない謙遜の能力がない。それゆえに、神は、その力をかれらに対して行使する。ゆえにイザヤは、「エフライムの酔いどれどもの誇る冠は／足の下に踏みにじられる」〔イザ二八・三〕、また、「その日には、万軍の主がその民の残りの者にとって／麗しい冠、栄えの花輪となる」〔イザ二八・五〕と預言する。

しかし、この神の裁きは、歴史の終わりにおいてのみ遂行されるのではない。それは歴史において定期的になされる。有力な者は、神のみならず人間に対しても罪を犯す。有力な者の拡張された自己はあまりも大きくなり、神を侮辱する。しかし、生がその適正な境界を越えるところではいつでも、あまりにも広いものとなり、それに近い他の生を破壊する。有力な者は高い木のようなものである。その枝が、生きるために必要な陽の光を近隣の木から奪うのである。言い換えれば、有力な者の社会的罪は、かれらが提供する奉仕に対してあまりにも高い対価を社会に要求することにある。かれらは要求するのみならず、それを獲得する。かれらが獲得することができるのは、社会が自覚的になり、考え、行為するための機関を支配するからである。その有力な者が祭司的支配者であろうが、軍事的領袖であろうが、経済的有力者であろうが、かれらは常に、同様の自己破壊の過

（5）金融ジャーナリズムの確立者とされるクラレンス・W・バロン（Clarence W. Barron, 1855-1928）について一九三〇年に出版された著作。

程に巻き込まれるようになる。最初かれらは、その力によって、社会的平和や少しばかりの正義を創出する。次に、その力の強要によって、社会の平和を乱し、正義を破壊する。かれらは、自分たちがなす奉仕に対する法外な報酬を求めることによって社会を内部対立に巻き込む。同様にかれらは、同胞への支配を用いて外部との対立に社会を巻き込む。自身の社会体系の境界を超えた帝国主義的野望を満たすためにそのようにするのである。こうして、不公正は高慢の社会的結果であり、不公正は必然的に自己破壊という結果をもたらす。

エーゴン・フリーデルの『近代文化史』においては、この、あらゆる少数独裁者の自己破壊の傾向が、以下のような言葉で簡潔に表現されている。「どんな国家制度であれ、支配するのはいつもただ一つの階層なのであり、言い換えれば、その唯一の階層が法にそむく支配をおこなうのだ。その階層はこのことをおぼろげに感じているし、有能な人々はそれをはっきりと悟っている。その支配階層はそれを巧みな弁証法によって、あるいは熱烈な語り口によって正当化し、輝かしい行為や美徳、私的な純潔さ、中庸をえた実践によって違法性をやわらげようとつとめる。支配階層がその違法性のために〈苦悩する〉ことは稀ではない。だが、そうするより他に仕方がない。……人間の本性の奥に根を張って、おのれの非行をけっして白状しようとしない、心の怠惰と精神の臆病、それがどの社会の内にもひそんでいる病であり、頽廃の原因となる。……この病こそ、自由主義も教権主義も金権主義もプロレタリア独裁も、ひとしく呑み込んでしまう深淵なのだ。不法の呪いから万人を救う可能性をもつのは、〈キリスト教的国家〉だけであるが、しかしいまだかつて、そんな国家があったためしがない」[6]。

この興味深い歴史観察は、以下のように言い換えることができよう。すなわち、あらゆる人間社会は、究極的に神の国の法則を踏み越え、そこでは、有力な者に対する神の究極の裁きは同時に、歴史における定期的なものでもある、ということである。

Ⅲ

引き続きその明細を見ていきたい。「家柄のよい者が多く召されているわけではない」。家柄のよい者とは誰のことであろうか。それは、有力な者の子どもや子孫である。パウロが用いているギリシア語では、裕福な家に生まれた者を意味している。その言葉は、「優生学」〔eugenics〕という言葉が派生したのと同じものである。しかし、その言葉の意味合いは、肉体や精神の健康を含むものではない。家柄のよい者は健康な者ではない。かれらは貴族的である。家柄のよい者であるということは、生まれるということが、家柄のよい者として生まれるような社会集団の中に生まれるということである。この循環的な論法は、有力な者の子らは、社会におけるその恵まれた地位ゆえに、生のあらゆる美徳を自分のものであると不当に主張する論理を的確に描き出すものである。

---

(6) エーゴン・フリーデル『近代文化史3』(宮下啓三訳、みすず書房、一九八八年)、一三一―一三二頁。

あらゆる言語において、恵まれた少数者を指し示すために用いられる言葉は二重の意味合いを持っている。それは、社会的優先権と道徳的価値を指し示す。この混同の基礎は、行動様式と道徳とを同一視するところにあり、それは、人間存在におけるあらゆる貴族的評価に特徴的なものである。パウロによって用いられているギリシア語〔eugenes〕はまさに、高貴〔noble〕という言葉と同じ二重の意味合いを持つ。高貴であるということは、気高く、また、名門の生まれであることを意味する。「紳士」〔Gentlemen〕もまた同様に二重の意味合いを持つ。ラテン語の'generosus'〔卓越した・高貴な・家柄のよい〕や、ドイツ語の'adelig'〔貴族階級の・気高い〕や'Edelmann'〔貴族〕もそうである。同じ論理にのっとるならば、貴族的ではない者は悪しき者となる。英語の'villain'〔悪人〕、ドイツ語の'Kerl'〔やつ〕、ラテン語の'malus'〔悪い〕などはみな、道徳的にも邪悪な貧しい者を指す。なぜそのような者たちは、道徳的資質を欠く者と見なされるのだろうか。最もありうる理由は、かれらは有閑階級から「優美な」〔gentle〕振る舞いを学んでいないからである。というのは、女性に対して紳士であるということは、誠実さと高潔さをもって女性に対応し、華やかに、またうやうやしく客間に案内することを意味するからである。これらの二重の意味合いはすべて、第二世代、第三世代においては、有力な者の道徳的混乱を隠蔽する。有力な者の第一世代は粗野な輩どもであり、ふるまいにおいても道徳においても紳士であると主張することはまったくなかったであろう。しかし第二世代になると、父親の蓄えた力を、芸術の支援や、文化を身につけることに用いる。また、自覚的であれ無自覚であれ、あらゆる社会において継続し、その生をまさにかたちづくる権力闘争の粗暴さを覆い隠すためにそれを用いる。

もしも、多くの家柄のよい者たちが神の裁きにおいて召されているのではないとすれば、そのことは、力は高慢や不義のみならず、偽善にもつながるものであることを意味している。あらゆる社会の文化は、それが基づいている粗暴さを覆い隠そうとする。もちろん、それは最高の状態においては、有力な者の利害の正当化や、その者たちの支配の言い訳以上のものになるだろう。しかし最悪の場合（この悪しき要素を免れることは決してないのだが）、社会の文化は、見せかけの美しさの背後に不公正を隠す。預言者がたいへん反文化的で、「ダビデのように自分たちのための楽器を考え出す」〔アモ六・五〕有閑階級を非難したのは、このことによる。また、イザヤが、道徳的誠実さに美的資質が取って代わったような宗教儀礼に批判的なのもそのことによる。「もう二度と空しい供え物を携えて来るな。香の煙はまさに私の忌み嫌うもの。新月祭、安息日、集会など／不正が伴う集いに私は耐えられない。あなたがたの新月祭と定めの祭りを／私の魂は憎む。それらのものは私には重荷であり／担うのに疲れ果てた。……洗え。身を清くせよ。あなたがたの悪い行いを私の目の前から取り除け。悪を行うことをやめよ。善を行うことを学べ。公正を追い求め、虐げられた者を救い／孤児のために裁き、寡婦を弁護せよ」〔イザ一・一三―一七〕。預言者による祭儀に対する反対は、犠牲を献げることは魔術を示すことによるものでもあろう。しかし重要なのは、儀礼を芸術的に洗練させることは、犠牲を焼くことと同様に非難の下に置かれるということである。「あなたがたの騒がしい歌を私から遠ざけよ。竪琴の音も私は聞かない。公正を水のように／正義を大河のように／尽きることなく流れさせよ」〔アモ五・二三―二四〕と、アモスはヤハウェの名において宣言する。これらの預言者の裁きは、ピューリタンの偶像破壊以上のものである。それは、文化と社会的不公正との関係についての人間の不安な良心についての表現である。

家柄のよい者たちは「召されて」いない。なぜなら、不義という汚水槽にバラの香水を撒き散らすからである。また、専制的権力にブロード地の衣装をまとわせ、甘ったるい心地よさでそれを囲うからである。さらに、その欺瞞によって自他を欺くからである。有力な者の第二世代やそれに引き続く世代のみならず、その婦人たちも特にこの裁きの下にあることは付け加えてもよいだろう。既存の不公正を当然のこととしながらも、その臭気を、気まぐれな慈善活動や親切な行いによって取り除き、憐れみのみならず力を示そうとする、あらゆる「慈善家ぶった金持ち婦人」は裁きの下に置かれている。また、「紳士」の寛大さという伝統的評判を確立してきた、あらゆる貴族的なへりくだりはこの裁きの下に置かれている。家柄の良い者は、少なくともその者たちの多くは、神の国に召されていない。なぜなら、かれらは内なる誠実さを欠いているからである。しかしかれらは、有力な者たちと同様に、この神の国の究極の裁きの下に置かれているだけではない。かれらはまた、歴史における定期的な裁きの下にある。そのとき、隠されているものが暴かれ、社会は、その政治的儀礼や文化的心地よさという品の良さによって隠されていた道徳的また社会的現実に突如気づくことになる。

「世の知恵ある者の多くが召されているわけではない」。この判断は、他の者たちに対するものよりも若干意外に見受けられる。知恵ある者は必然的に、このような判断を、宗教的預言者ならではの反啓蒙主義によるお告げと見なすだろう。もし、プラトンの夢がかない、知恵ある者が社会の支配者となりさえすれば、社会のあらゆる問題は解決されるのではなかっただろうか。知恵ある者はわれわれを、有力な者の無知な気まぐれから救わないのだろうか。そして、知恵ある者は、自然と歴史の秘め事を私たちに明らかにする先覚者ではないのだろうか。なぜ、知恵ある者は召されないのだろうか。

おそらくそれは、かれらに十分な知恵があるわけではないからである。知恵ある者は、有力な者や家柄のよい者たちの欺瞞を見通すほどに賢いとは限らない。それゆえ、かれらは、有力な者たちにこびへつらう同調者となりがちである。有力な者が歴史を作り、世の知恵ある者は、有力な者たちの大胆な行動を褒めそやす体で年代記に記す。知恵ある者は、不偏不党という特権的な位置にあるが、まさにそれゆえに最も成功する嘘つきとなる。ジュリアン・バンダの『知識人の裏切り』では、「世の知恵ある者」による、真理に対する第二次大戦中の裏切りが、圧倒的な証拠の集積によって示されている。たとえ知恵ある者が自覚的に不誠実であるわけではないとしても――いつもそうなのだが――、かれらは自分で考えているほど賢くはない。いずれにせよ、かれらは、自分たちが密接に関わっている集団や民族それぞれの利害を真に超えるほどの立場に達するほどに賢くはない。アリストテレスは、その奴隷制の正当化が人間本性の真相と歴史の経験には合わないものであることに気づきうるほどに賢明ではなかった。プラトンは、かれがユートピアの模範として持ち出したスパルタの体制の弱点に気づくほどに賢明ではなかった。ヴォルテールは、自身の封建主義への批判が、合理主義者の迷信に対する反感のみならず、ブルジョワ的視点によってかなり動機づけられていることに気づくほどに賢明ではなかった。一九一四年から一八年にかけて、大国家の知恵ある者たちの中で、愚かな者よりはいくぶんもっともらしく、また、まことしやかな言葉で偏見を覆い隠し、それぞれの国に対する情熱を表現する者はいた。しかし、それ以上のことをなした知恵ある者はほとんどいなかった。「教育」とされているものの多くは、不当な偏見を取り除くことを一切せずに、偏見を保持するためのよりよい理由を人々に提供しているだけである。

知恵ある者たちは、特に厳しい裁きの下に置かれている。なぜなら、不偏不党を騙ることはすべて、偏った表明をいっそう真理に反するものにするからである。人間の歴史で最も教訓になる事実の一つは次のことである。すなわち、正義と不義についてのいわゆる不偏不党の観察者が、不義を弾劾することにおいて最も明晰であるわけではなく、むしろ不義の哀れな被害者のほうが明晰だということである。ゆえに、貧しく抑圧されている者たちは、自分たちの苦しみを肉体的に知ることによって、知恵ある者たちが気づきえない何らかの事実に気づき、裁きを宣告するはずである。神が、「強い者を恥じ入らせるために、世の弱い者を選ばれました。また、神は世の取るに足りない者や軽んじられている者を選ばれました」ということならば、この選びは特に、生に対する最終的な神の裁きに当てはまることである。しかしそれは、歴史の過程においても重大なものである。

知恵ある者は、十分に知恵があるわけではないということのみならず、あまりにも知恵あるゆえに選ばれないこともある。知恵は得てして自らの分際を踏み越える。知恵は権力と同様に人を高慢へと誘う。知恵ある者は時に、真理を合理的一貫性と同一視し、生と現実の逆説を、人間の論理を基準にして測ろうとする。知恵ある者は賢すぎて、この世は「神の世界」であると同時に（俗な言い方をすれば）「しょうもない世の中」であることに気づかない。それゆえに知恵ある者は、楽観主義者か悲観主義者のどちらかになりがちである。単純な宗教的心の特徴である感謝と悔い改めの混合は、一貫性という感覚をもつ知恵ある者たちを憤慨させる。しかし、この世は良いものであると同時に悪いものである。ゆえに、そのような世に対する適切な態度は、この世において啓示される神の慈愛への感謝か、この世において人間の罪が創り出した悪についての悔い改めである。知恵ある者たちは常に、宗教の逆説をなきものとし、いっそう単純で一貫した真理に到達する。かれらがこの世を値踏みしようが、宇宙における人間の場所を理解せんとしようが、人間の心における善と悪の奇妙な混交を見定めようとしようが、そうなのである。しかし、その真理は不幸なことに、人間存在の事実にかなうものではない。知恵ある者がするのは以下のどちらかである。すなわち、自らの被造物性と有限性を否定する人間に意義と尊厳を割り合てるか、もしくは、人間は、星の散りばめられた宇宙の広大さの中で矮小な存在とされているゆえに、意味のないものであると考えるかのどちらかである。知恵ある者たちは、パスカルが以下のように表現したキリスト教の真理を理解しない。「キリスト教は本来、贖い主の秘義のうちに成り立ち、この贖い主は自分のうちに二つの性質、すなわち人間性と神性とを結びつけ、その神性によって人間を神と和らがしめるために、彼らを罪の堕落から救い出されるのである。ゆえに、キリスト教は、次の二つの真理を同時に人間に教える。一人の神が存在し、人間はその神を知ることができる。また人間の本性には腐敗があり、それが人間に神を知らせないようにしている。これらの点を二つとも知ることは、人間にとって等しく重要である。そして自分の悲惨を知らずに神を知ることと、それを癒しうる贖い主を知らずに自分の悲惨を知ることとは、人間にとって等しく危険である。これらの認識の一方にとどまるところから、神を知って自分の悲惨を知らない哲学者の尊大と、贖い主を知らないで自分の悲惨を知る無神論者の絶望とが、生じるのである」(7)。

キリスト教の最も偉大な真理の大部分は、人間の知恵よりも賢い神の愚かさである。それは、人間の知恵を研ぎ澄ますことによってではなく、魂の謙遜によって理解される。

賢者が探し求める真理は／子どもによって語られた／雪花石膏の箱は／汚れた震える手に渡された(8)

知恵ある者たちは時に、あまりに賢明すぎて行動しない。その知恵においてかれらは、すべての考えうる思想と行動において真理と価値を見る。そうしてかれらは、ある考えを、もう一つの考えとのバランスをとることに時を費やし、力動的なものに達することはできない。かれらにおいて、

決意本来の血の色は／蒼ざめたもの思いの色に染まってしまう。(9)

知恵ある者は、有力な者よりも、生と真理のいっそう高い段階に立つこともあるだろう。しかしかれは、自らが創り出した文化を破壊する誘惑から、また、かれが文化を創り出すことを助けたのと同じ卓越性によって文化を破壊しようとする誘惑から自由ではない。言い換えれば、自滅を招く高慢の罪の下にない卓越した人間などいないのである。人間の歴史において卓越へと至るあらゆる資質は、一面において、自然の力の拡張を示す。それによって自然の調和は乱され、自然の不平等は深刻になり、自然の残酷さは増大し、人間の歴史は自滅に巻き込まれる。人間の優秀さと卓越性

(7) パスカル『パンセ』(前田陽一・由木康訳、中公文庫、二〇一八年)、三九三―三九四頁。
(8) ヘンリー・ヴァン・ダイク (Henry Jackson van Dyke Jr., 1852-1933, アメリカの作家、牧師) の詩 'Reliance' より。
(9) シェイクスピア『ハムレット』(松岡和子訳、筑摩書房、一九九六年)、一二一頁。

のこのような悲劇的側面は常に、歴史において曖昧にされた。それらの悲劇的側面が余すところなく明らかになるのは、帝国や文明が、何らかの外なる敵によってではなく、自らの美徳の欠陥によって衰退し落ちぶれる時のみである。しかし、そのようなことはまれである。

しかしキリスト教には、歴史の裏づけによることなくこの問題を見抜く洞察力がある。たとえ歴史が、知恵ある者、有力な者、家柄のよい者たちにしばしば裁きを下すことがないとしても、パウロの言葉は真実であり続けるだろう。そして、キリスト教信仰によって人生を見る者は、パウロの言葉によって自らの真実を確信するであろう。キリスト教信仰は、飼い葉桶の中に生まれ、十字架で死んだ一人の方に集中する。これこそがまことに、あらゆる価値の転換のキリスト教的源泉である。キリスト者は、十字架が真実であることを知っている。その基準によってキリスト者は、この世が失敗と呼ぶものに究極的成功を見出し、この世が成功と呼ぶものに失敗を見出す。もしキリスト者が自ら、この世で成功を収めた者にならねばならず、また、この世が当然称賛するはずの優れた資質によって成功を手に入れなければならなかったとしても、かれは、まさにその資質がとりわけ危険であることを知るだろう。キリスト者は、有力な者や知恵ある者や家柄のよい者を名指しで軽蔑しようとはしない。しかしかれは、自らの人生を見て、高慢という堕落に気づくであろう。おのれの力と卓越性と知恵によって、かれはその高慢に誘惑されていたのである。そのようにして、もしキリスト者が、この世における自身の豊かさをすべて損失としてしか見なさないならば、選ばれる少数の中に入るかもしれない。知恵ある者や有力な者や家柄のよい者たちが必ずしも、その卓越性ゆえに道に迷うわけではない。パウロは適度な自制をもって「多くの者が召されているわけではない」と言ったにすぎない。かれらは、富める者のように、ごく狭い針の穴を通って神の国に入ることもあるのだろう。

11　力ある者と無に等しい者

また、神は世の取るに足りない者や軽んじられている者を選ばれました。すなわち、力ある者を無力な者にするため、無に等しい者を選ばれたのです。

コリントの信徒への手紙一第一章二八節

パウロによる価値転換の頂点は、「力ある者を無力な者にするため、無に等しい者を選ばれたのです」という興味深い言い回しで表現されている。これは特別な考慮に値する。その前の言葉〔一コリ一・二六―二八〕における、知恵ある者と愚かな者、強い者と弱い者、家柄のよい者と軽んじられている者への裁きは、教会が実現したものよりも革命的な重要性を持つ社会的で道徳的な結論を含んでいる。しかし、「無に等しい者」の「力ある者」に対する脅威についての見解は、宗教的裁きを、知恵ある者と愚かな者、力ある者と弱い者という区別がもはや不可能になる地平へと引き上げる。「無に等しい者」においては歴史哲学が示唆されている。歴史において、十分なかたちで存在するゆえに自らは必然的に存在していると考えている人々に抗して、不十分にしか存在できない者〔弱い者、愚かな者、軽んじられている者〕がいかに神に用いられるかが指摘されている。しかし、この最終的な頂点をなす言葉において、永遠と歴史との関係が示されている。「無に等しい者」から生まれる莫大な創造の可能性は、あらゆる力ある者に対する脅威としてある。

この最終的な言葉と、それに先行する裁きとの関係は、純粋に宗教的な裁きと、宗教的で道徳的な裁きとの関係についての完璧な規範を確立する。預言者的宗教は、個人であろうが、階級であろうが、歴史において地歩を固めた人々に対する警告と有罪宣告の特別な言葉を語るべきものである。なぜなら、かれらは特に、歴史における善きものの創造者であり唯一の擁護者であると自らを思い描くよう誘惑されるからである。しかし、もし預言の言葉が独り歩きするならば、宗教的で道徳的な洞察は、たやすく純粋な政治的洞察となる。そして宗教は、弱い者が強い者に反抗するための単なる道具になってしまう。歴史的宗教が、このような腐敗の誘惑にたびたび屈服してきたわけではないことは言わねばならない。しかし、そこから免れてきたとしてもそれは、歴史的宗教が、有力な者や知恵ある者や家柄のよい者に対する預言者的裁きの言葉を、しばしば理解もしくは表明しなかったという事実によるものである。歴史的宗教が、その預言者的裁きの言葉を語ることを学んだ時はいつでも、それを純粋に政治的裁きへと堕落させる誘惑に魅せられ、また、しばしばそれに屈服してきた。

この誘惑の危険に抗して、「神は力ある者を無力な者にするため、無に等しい者を選ばれ」るであろうというさらなる洞察がある。それぞれの状況において、力ある者であろうが弱い者であろうが、尊敬されている者であろうが軽んじられている者であろうが、あらゆる生は、自らを、不確かで従属的な者としてではなく、事柄の見通しにおいて必要で中心的な者であると見なす危険の下にある。より正確に言えば、あらゆる生は、自らの重要性を過度に主張し、その主張を帝国主義的な業で実行することによって、自身の無意味さについての認識を克服しようとする。弱い者も、強い者や知恵ある者と同様に、この誘惑に無縁なわけではない。ニーチェのひねくれた倫理にいかなる欠陥があろうとも、弱い者や軽んじられている者の反抗の中に示される復讐心という要素を見定めたことにおいてかれは正しい。これがかれらの反抗の唯一の要素ではない。その最高のところでは、反抗者たちが言うように、それは、神の裁きの重大な手段である。しかし、有力な者や家柄のよい者の罪に抗するいかなる階級も、常に純粋なメシア的自覚をもってそのようにしているわけではない。運命についての一層純粋な感覚と混ぜ合わされているのは、傷ついた自我と、それを補償する高慢と復讐心という一層劣った卑金属である。言い換えれば、人間は相続権を剝奪されているゆえに、基本的な人間の罪に服すのである。弱い者は、力ある者になったときに罪を犯すのみならず、弱い時に、期待と想像において罪を犯す。残念なことに、この事実についての共産主義者の否認は現在のロシアの歴史において否定されている。そこでは、力ある者となった弱い者は、他の世代の力ある者の犯すあらゆる罪を犯している。一九〇五年のシベリア捕囚は、今日の少数独裁における社会的もしくは道徳的な公平無私を保証するものではない[1]。

「無に等しい者」の脅威は、あらゆる生に対抗している。それゆえ、人々はみな、この脅威を、自らの生に対する神の裁きとして受け入れるか、それとも、打ち勝つべき挑戦と受け止めて、自らの生の欺瞞をつのらせ、自らの生の必然的で独立した価値を主張するかを決定しなければならない。これは、宗教的謙遜と罪深い高慢のどちらかに決断することでもある。おそらくこれは決断以上の何かである。なぜなら、敵でありまた友である神の尽きることない力が啓示されなければ、誰も謙遜であることを決断することはできないからである。

しかし、神は「力ある者を無力な者にするため、無に等しい者を選ばれた」という主張を正当化することが本当に可能なのかという疑問が浮かぶ。通常は、無に等しい者は、力ある者との何らかの関係によって存在へと至る。しかし神の創造力は、無に等しい者たちにおいて啓示される。なぜなら、自然もしくは歴史において、新たに出現したものには真の目新しさがあるからである。それは、単なる新たな装いをした旧いものではない。しかし他方、神の創造力は、すでに確立された被造物との関係においても示される。この創造の秩序が、神の意志は気まぐれなものではないことが示される神の知恵として見なされるべきであるのか、それとも、創造は、神の、意志と知性における自己限定を示すものなのかということは、さしあたりは探求する必要のない神学的問題である。明らかなのは、いかなるものも、それに先立つ事物や出来事との関係を担わないものは自然や歴史に現れないということである。他方、新たに出現するもののすべてが、すでにあるものを改善もしくは拡張したものであるわけではない。しばしば、新たなものが旧いものを破壊する。先史時代の巨大な動物は、その時代には、疑いなく「力ある者」の部類に入るものと見なされていたであろう。しかし、それらの動物は絶滅し、その骨だけが、かつての誇り高い無敵の強さを物語り続けている。

歴史の領域において「力ある者」は、自然におけるよりも一層大きな危険の中に生きる。歴史において確立されたものは、自然的発展の果実のみならず、人間の意志の果実でもある。この人間の意志は常に、それが自然において課されている制限を超えて自然の衝動を拡張する。この拡張は、人間の創造性の基礎であるが、同時に、人間の罪の原因でもある。それゆえに、あらゆる人間による自然の拡張は、恣意性を否定しようとする自覚的もしくは無自覚的な努力における、存在の恣意的な性格の拡張という破滅的な要素を含んでいる。力ある者は、その力を増大させ、あらゆる生を、統一原理としての自らの下に置こうとすることによってそのような努力をする。こうしてかれらは、自らの生が社会秩序を保持するために必要であるという幻想に自らを委ねる。かれらは、人間の歴史において、いかに多くの原理に基づいて、また、いかなるさまざまな力によって社会秩序が達成されたのかを忘れているのである。

（1）ここでのシベリア捕囚とは、一九〇五年のロシア第一革命の指導者たちがシベリア流刑となった帝政時代の出来事を指す。社会主義体制成立後も、「力ある者となった弱い者」たちによる圧政が続いていることを念頭に置いてこのようなことが言われているのであろう。

知恵ある者は、かれらの特別なありかたが（また、そのありかたを正当化する哲学も）、究極の存在と究極の哲学を示すのを証明することによって同じ目的を探求する。ヘーゲルの反動的な幻想や、コントのブルジョワ的幻想や、マルクスのプロレタリア的幻想は、この点に関して教訓的である。かれらはみな、自分は将来にわたって異議申し立てされるはずのない哲学と社会的存在の両方を所有していると思い込んだ。過去はあらゆる時点において異議申し立てされてきたことをかれらはよく知っていた。しかしかれらは、自分は絶対的な意味で「力ある者」に属する生涯と思想に到達したと思っていた。かれらの成果を阻止する歴史など夢にも見なかった。かれらはただ、歴史はかれらの成果に向かうものだと思っていた。未来はもはや脅威ではなく、ただ約束となるはずだった。このような結論はヘーゲルとマルクスにおいて一層顕著である。なぜなら両者は、過去の歴史における弁証法的原理（定立に対する反定立の脅威）を認識していたからである。言い換えれば、自らの知恵が、神の力と知恵の無限の可能性を排除したと空想する知恵ある者の傾向は、人間のさまざまな性格の単なる一側面にすぎない。人間の理性は、人間の高慢の召使いならびに奴隷とされる。神の手における無限の可能性は、愚かにも、人間の論理の小さな規則に制限される。たいてい、理性がこの架空の結果を達成する。それは、存在のさまざまな形態や側面をさまざまな範疇に分類し、その分類が理にかなっているゆえに、その中身もまた理にかなっている、とする単なるその場しのぎによるものである。理性がもし、ある範疇と、それに引き続く範疇との間に何らかの歴史的関係づけを確立することができるならば、理性は、ある何らかの単純な発展法則において創造力の全体を突き止めたと夢想する。理性が、存在についてのそれ自身の部分的な範疇を、一連の発展全体における最終的なものと見なすという事実は、有限な精神による当然の幻想でもある。しかしそれは、以下のことについての自覚的もしくは無自覚的な努力でもある。すなわち、未来の非合理性をごまかそうとする努力、知性が未来を推測することは不可能であることを隠そうとする努力、そして、存在の現代的ありようが、未来をその必要性に拘束するのは不可能であることを隠そうとする努力である。

こうして、あらゆる文明は、それに先立つもろもろの社会秩序の廃墟に思いを巡らせながら、自らの不滅を夢想する。いかなる哲学においても、このような幻想からの解放はない。なぜなら、あらゆる哲学は、それが、先達者たちの幻想を発見したゆえに、自らはいかなる幻想も持っていないという幻想の下にあるからである。あらゆる人間的可能性を超えたところから人間に語られる神の言葉においてのみ解放はありうる。この神の言葉は、信仰と悔い改めにおいて聞かれなければならない。信仰においてというのは、神の言葉を理解しようとするあらゆる努力は、神の言葉を何らかの人間的価値へと完全に貶めてしまうからである。悔い改めによってというのは、神の言葉は、あらゆる生に、実際とは違うありようを偽っているかどで有罪を宣告するからである。

ある国家や社会秩序や文明もしくは文化が神の言葉によって告発されたならば、その欺瞞をやめるだろうと考えるべきではない。もろもろの社会秩序はおそらく、歴史の終わりまで自らは不滅であることを示そうとする努力において自滅を招くであろう。また、個人がその欺瞞を告発されたたならば、それをやめると考えるべきではない。しかし、欺瞞の奴隷であることと、欺瞞を告発されることには違いがある。後者の場合、たとえ、人間の無自覚的な行為と姿勢が依然として欺瞞によって決定されているとしても、精神は欺瞞から自由であることができる。その場合人間は、あらゆる人間の生が巻き込まれている自己破壊の悲劇から逃れることはできないだろう。しかし、もし十分に理解されるならば、それは悲劇であることをやめるであろう。その意味において、救いについての福音の保証は、その裁きと密接に関連している。他方、集団的人間はおそらく、自分自身の欺瞞に対する裁きの言葉を聞くのに充分な自己超越を欠いている。何ゆえに、国家と帝国の、また、文化と文明の営みは繰り返す悲劇に巻き込まれるのだろうか。それぞれの文明は、その先行者たちに死をもたらした弱点と罪を自らは克服したと想像しがちである。そしてまた、まさにその確信において、その弱点の典型的な形態の事例となるであろう。

このことは、文化や文明が、社会政策の技術も含めて、さまざまな技芸や科学を互いに学ばないことを意味するわけではない。そのようにして諸文化と諸文明は、社会的無政府状態と崩壊の危険をある程度回避することができる。したがって、真に知恵ある文明は、愚かな文明よりも長く命脈を保つ。その寿命の相違は何世紀にもわたるものになることもある。同様に、自堕落な人間が身体的健康を損なうのに対して、「善い」人間はそれを保つ。しかし、どの文明もしくは文化も以下のことを認めてこなかった。すなわち、歴史における、新たな状況や必要性や権力などの力は、既存の文明や文化の確立した前提や特権とは相容れないものであるが、その新たな力は、既存の文明や文化と共に存在するにあたっての同等もしくは一層勝る権利を有するということである。諸文明は、そのような状況に、生存衝動に由来する直感的な反応をもって応答する。しかし、文化と文明の戦略には生存衝動以上の何かが常にある。その何かとは人間の高慢に由来するものである。なぜなら人間は、存在それ自体に必要な諸価値の主人公として自らを道徳的に正当化することなしに、自らの存在のために戦うことはできないからである。こうして「力ある者」は、「無に等しい者」への虚しい抵抗へと唆される。神が「無に等しい者」の創作者であるゆえに、その抵抗は虚しい。「無に等しい者」は、神の創造の力を、「力ある者」への裁きと慈愛として啓示するのである。

12 知識なき熱心さ

きょうだいたち、私は彼らが救われることを心から願い、彼らのために神に祈っています。私は、彼らが神に対して熱心であることを証ししますが、その熱心さは、正しい知識に基づくものではありません。なぜなら、彼らは神の義を知らず、自分の義を求めようとして、神の義に従わなかったからです。

キリストは律法の終わりであり、信じる者すべてに義をもたらしてくださるのです。モーセは、律法による義について、「律法の掟を行う者は、その掟によって生きる」と書いています。しかし、信仰による義については、こう述べられています。「心の中で、『誰が天に上るだろうか』と言ってはならない」。それは、キリストを引き降ろすことです。また、「『誰が、底なしの淵に下るだろうか』と言ってはならない」。それは、キリストを死者の中から引き上げることです。では、何と言っているでしょうか。「言葉はあなたのすぐ近くにあり／あなたの口に、あなたの心にある」。これは、私たちが宣べ伝えている信仰の言葉です。口でイエスは主であると告白し、心で神がイエスを死者の中から復活させられたと信じるなら、あなたは救われるからです。実に、人は心で信じて義とされ、口で告白して救われるのです。聖書には、「主を信じる者は、誰も恥を受けることがない」と書いてあります。

ユダヤ人とギリシア人の区別はありません。同じ主が、すべての人の主であり、ご自分を呼び求めるすべての人を豊かにお恵みになるからです。「主の名を呼び求める者は皆、救われる」のです。　　ローマの信徒への手紙第一〇章一―一三節

「私は、彼らが神に対して熱心であることを証ししますが、その熱心さは、正しい知識に基づくものではありません」というのは、かれ自身の民と世代について語られたパウロの言葉である。しかしながらこの言葉は、一八世紀に始まり、今や、国際的また社会的闘争によるかくも嘆かわしい無政府状態の中で終焉を迎えつつある人間主義的時代に驚くほどの妥当性を有している。その人間主義は非宗教的で賢明であると自ら信じている。ゆえに、熱心であるが知性に基づいていないという判断を下されるならば、驚きと不信をもってそれを受け止めるであろう。しかし実際のところ、その混乱は、非宗教的知性からではなく、その不注意で愚かな宗教から生ずるのである。

近代は、啓示宗教の神を理性と自然の神に置き換えた。その置換は「知識に基づく」のみならず、良心に基づくものにも見受けられる。近代人は、近代科学の疑いなき達成を伝統的宗教が否定することに衝撃を受けた。しかし近代人はまた、既成宗教と伝統的な社会の不公正との親密さにも憤り

を感じていた。近代人は、反啓蒙主義に対して啓蒙主義を擁護し、また、宗教による悲観的で決定論的な不公正の黙認に対して正義を擁護した。近代人は、もし宗教的偏見と迷信が克服されうるならば、理性は共通の人間性を確立し、分裂や対立から解き放たれ、専制と抑圧から自由になるだろうと期待した。近代の信仰を最も的確に述べるならば、合理主義的人間主義ということになる。近代の合理主義者の目的は、権威主義的宗教を科学的方法と合理的規律に置き換えることによって、あらゆる人々を共通の善意の結びつきに一体化させることである。一九世紀の実証主義哲学者であるコントは、近代の信仰と希望について次のように表現している。「一致が社会にもたらされるだろう。なぜなら、普遍的に認められた原理が有する新たな精神的力が、あらゆる男女に共通の教育を提供し、同じ道徳を教え、かれらをみな同じ愛と善の宗教に結集させるだろうからである」。同じような信仰はジョン・デューイの『人類共通の信仰』という最近の著作でも示されている。そこでは、社会に不和を生じさせる力は、主として宗教的である時代錯誤的な伝統によるものとされる。それは、人々をいがみ合うそれぞれの陣営に引き離す。これらの分裂は、あらゆる善意の人間のための共通の信仰を創り出す非権威主義的教育によって克服されるというのである。

I

人間の理性という結合力への信仰は「知識に基づくものではない」という告発を証明しようとす

る前に、いかなる議論がなしうるよりも歴史がそのような信仰を完璧に否定したことを指摘しなければならない。普遍的兄弟愛の夢とともに始まった時代は、同胞相争う対立が打ち続く中で終わりつつある。そこでは、さまざまな民族と階級の人々が、共通の人間性の最後の痕跡を否定し攻撃するよう唆されている。近代ヨーロッパについての重要な事実は、ヨーロッパの文化の普遍的側面が完全に破壊されつつあるということである。それは、民族の固有性を重視する「血と土」[1]という宗教において意図的に否定される。文化の普遍的側面はまた、西欧文明の至るところで猛威を振るう階級対立によって事実上破壊される。そこにおいてはまた、ファシストと共産主義者が、人間や歴史の、また生や運命の本性についてのあらゆる共通の基盤もしくは同様の確信を認めることを否定する。無論、人間主義という宗教は、その意図を実現することに完全に失敗し、未来についての判断を実に絶望的なまでに誤った。そのような人間主義という宗教は、歴史的現実からの深刻な告発の下に置かれている。その独特な信条が異議申し立てされる以前からすでにそうなのである。

しかし、この宗教は「神に対する熱心さによるものであっても知性に基づくものではない」という非難は、その中にある真の神への感謝の念なしに試みられるべきものではない。近代のキリスト者は、近代におけるもろもろの希望の中で、本当に解放をもたらしたものを正しく評価しなければ、恩知らずの愚か者を演じてしまうことになる。人間主義的時代は、それが反対したものにおいて、もしくは同意したものにおいて、全く間違っていたわけではない。人間主義は反啓蒙主義に反対した。反啓蒙主義とは、権威主義的宗教が、その信仰の象徴を、歴史的出来事の詳細についての適切な説明に変えようとするときに避けがたく誘惑されるところのものである。もし、人間の知識の限界を知った宗教が、宗教的教義によって文化を束縛しようとするならば、このような知識の不適切さを改善することはしない。そのような教条主義は不可避的に、特定の世代の立場や特定の階級の道徳性の是認へとつながる。人間主義が最初に宗教の狂信に反対したとき、自身の文化がいっそう軋轢を生じさせる狂信に堕落することを知るよしもなかった。人間性への真正の情熱は、特定の文化的視点や社会的地位と神とを同盟させた、軋轢を煽るような教条主義への反対を活性化させた。エルヴェシウス(2)は深遠な哲学者ではなかった。しかし、彼の『精神論』には、宗教的憎悪へのある健全な軽蔑が見られ、それは依然としてわれわれが感謝とともに同意してよいものである。かれは述べた。「四方八方で、女性や子どもの胸に振りかざされた聖なるナイフと、犠牲者たちの血を吸う大地を見る。それは、偽りの神もしくは至高存在に献げられた犠牲であり、不寛容という吐き気をもよおすような、恐ろしい遺体安置所を現出している。……いったい、いかなる人間が、そのような光景を見て、人間性への情熱を覚えずにいられようか。また、いかなる人間が、宗教のようなかくもご立派な原理の上にではなく、個人的利害のような濫用されにくい原理の上に高潔さを見出すために努力せずにいられようか」。この言葉においてエルヴェシウスは「啓蒙主義」

(1) ナチスが喧伝した民族主義的・農本主義的イデオロギー。

(2) Claude-Adrien Helvétius (1715-1771). フランスの啓蒙思想家、唯物論者。

全体を代弁している。

宗教的教義は、不寛容と偏狭さを助長したばかりでなく、封建的生の社会的ヒエラルキーを是認してきた。それは、一人が主人となり、もう一人は奴隷となる定めは、神によって命じられたものであると人々に言い聞かせてきた。それは、奴隷制を正当化し農奴制を維持するために聖書を探求した。それは、社会の不平等に、避けがたい運命という偽りの見かけを与えた。しかしそれはしばしば、運による自然的また歴史的な偶発事の結果に他ならないものであった。こうして宗教的教義は、良心を歴史の気まぐれに隷属させた。正統的な宗教のこのような傾向に反対するにあたって、理性の世代は神への熱心さを有していた。ある意味において、正統的宗教に狙いを定めた批判は、「心の中で、『誰が天に上るだろうか』と言ってはならない。(それは、キリストを引き降ろすことです)」というパウロの警告と一致している。正統的宗教は、教会による救いの独占によってキリストを人間の所有物にし、そのような所有を共有しない者との兄弟愛を否定する誘惑にさらされてきた。

近代の人間主義は、その主張のいくつかにおいて、その批判のいくつかにおけるのと同様に全く宗教的であった。近代的人間主義は、人間は、その共通の生まれながらの必要において共通の人間性を有していると主張した。初期の人間主義のあの偉大なる魂であるシェイクスピアは、この考え方をシャイロックの口を借りて見事に表現している。「ユダヤ人は目なしだとでも言うのですかい？　手がないとでも？　臓腑なし、五体なし、感覚、感情、情熱なし、なんにもないとでも言うのですかい？　同じものを食ってはいないと言うのかね、同じ刃物では傷がつかない、同じ病気にはかからない、同じ薬では癒らない、同じ寒さ暑さを感じない、何もかもクリスト教徒とは違うとでも言うのかな？　針でさしてみるかい、われわれの体からは血が出ませんかな？　くすぐられても笑わない、毒を飲まされても死なない、だから、ひどい目に会わされても、仕かえしはするな、そうおっしゃるんですかい？」[(3)]。高度な文化的精緻化は常に、宗教的なそれも含めて、この単純な事実を忘れる危険にさらされている。「キリストにおいて」というのは究極的なことであるが、人間が一つになるのはそのことのみによるのではない。人間は直接的には創造において一つである。「神は、一人の人からすべての民族を造り出し」たのである〔使一七・二六〕。

しかし、われわれの共通の動物としての本質を自然や気候や歴史や運命が分裂させることによる、もろもろの相違も事実である。人間主義はこれらの諸条件の挑戦を受けて、いっそう合理的な信仰に変わっていった。それはストア派を取り入れて、人間は理性という共通の賜物によって兄弟であると主張した。マルクス・アウレリウスは、「いかにあらゆる人間が互いに緊密に、血や種によってではなく知性によって結びつけられているかを汝は忘れている。汝はまた、あらゆる人間の知性は一つの神性を分有し、いかなる人間も、これはまさしく自らの所有であると言いうるものは何もないことを忘れている。というのは、すべては、あらゆるいのちの授与者であるお方から生まれる

（3）　シェイクスピア『ヴェニスの商人』（福田恒存訳、新潮文庫、二〇二〇年）、八〇頁。

からである」[4]と言った。キリスト者ならば、ストア派の皇帝よりもさらに慎重に、あらゆる人間は「神性を分有」しているのではなく、「神の像」に造られているとのみ主張するであろう。しかし、ここでマルクス・アウレリウスが主張していることは重要である。あらゆる人間は「同じ精神」であろうという信念は残念ながら錯覚である。しかし、精神を有しているという点においてみな同じであるという主張は全く正しい。人間は動物ではない。その理性と想像力においてある程度の自由が与えられているゆえに、人間は、その有限性と時間的限定性を、動物がそうするように当然のものと受け取ることはできない。人間における動物的性質は、死の必然性という共通の定めを人間に突きつける。そして、人間的性質は、それがいかに逃れがたいものであろうが、その定めを、怖れや嘆きや悲しみの機会へと変える。人間は自然に投げ込まれているが、それゆえに地理という偶然によって分け隔てられる。自然からの人間の自由は、その懸隔において良心を不安なものにする。

　このような人間主義の主張を、預言者的伝統自体に属するものであると評価しない預言者的宗教は、自らの遺産に忠実でなく、その務めに対して不誠実である。人間の生における共通の慎みの要素のいくつかは、人間の条件についての常識的な分析に負うものであるが、それは、より深遠な神学がしばしば曖昧にするものである。今日、人々の不一致は強まっている。それは、「血と土」という偽りの宗教によるのみならず、偽りのキリスト教神学によるものでもある。それは、不適切な宗教的神聖さを、キリスト教神学が「創造の秩序」と呼ぶものの上に置いている。これらの反人間主義的神学は、神の意志を自然と歴史の偶然性に帰するゆえに偽りなのである。

Ⅱ

しかし、この人間的理想主義は、知性なき情熱であったと言わねばならない。それが欠いている知性については、パウロのさらなる以下の言葉によって正確に述べられている。「なぜなら、彼らは神の義を知らず、自分の義を求めようとして、神の義に従わなかったからです」。非キリスト者の人間主義は、人間の理性を神とする。理性は、非キリスト教的人間主義があらゆる個別の価値の上に置く普遍的価値であり、あらゆる道徳の基準を作るものである。あらゆる歴史が裁かれるのは人間の理性によってである。合理主義的人間主義の致命的な誤りは、理性とは純粋に形式的な用語であることにおいてのみ普遍的であることを認識しそこなっていることにある。論理と数学は普遍的かもしれない。しかし、質料的内容によって論理的形式を満たすような判断は一切普遍的なものではない。この事実を認識しない道徳的理想主義は必然的に、特定の判断を真の普遍的判断と取り違える。その判断が、いかに部分的で有限な視点をその普遍的基準なるものへと忍び込ませている

(4) マルクス・アウレーリウス『自省録』(神谷美恵子訳、岩波書店、一九五六年)、二〇七頁参照(ここでの訳はニーバー引用の英文による)。

かを見落すゆえにそうなのである。

言い換えれば、合理主義的人間主義は、人間の有限性と被造物性を忘れている。それは、人間の正しさを超越的な正しさである神の義に従わせることをしない。こうして、合理主義的人間主義は「自分の義を求める」よう人々を唆し、ついには教条主義的宗教よりもいっそう危機的な狂信に堕落させる。近代文化が、普遍的人間主義から民族主義的無政府状態に頽落する論理については以下のように説明できるだろう。人々は人間の善についての普遍的基準を探求し、つらい労苦を経てそれを規定する。その努力が骨の折れるものであったことによってかれらは、真に普遍的な価値を発見したと確信する。しかし悲しいことに、仲間の幾人かはその基準を受け入れることを拒否する。反対される側は、その基準は普遍的であると知っている。それゆえ、かれらの知性において、仲間の反抗は、反体制派の精神における人間性の何らかの欠陥の証拠であるとされる。こうして、合理主義的世代は新たな狂信を生み出す。比喩的に言えば、反体制派は人間共同体から追放される。

普遍的人間主義は時に、このような仕方で自らを破壊する。時にそれは、人間の熱情の回復によって破壊される。その熱情とは、そのあまりにも冷淡で計算づくの合理主義が攻撃したものである。ルソーの弟子たちは常に、近代の歴史のドラマにおいて少数者の役回りであった。実際のところ、ヴォルテールやディドロ、コンドルセまたグッドウィンの弟子たちに支配されていたのである。しかし、ルソー派のほうが、合理主義者たちが勘定に入れなかった人間本性についての要素を理解し評価していたゆえに、後には、その師たちに復讐することができた。近代文化におけるロマン主義的底流は、人間の魂全体の活力を曖昧にし抑圧してきた合理主義という薄氷を打ち破って噴出し溢れ出した。そのさまざまな強調の仕方において、ショーペンハウアー、フィヒテ、ニーチェ、シュペングラー、フロイトそしてマルクスらはみな実質的に、合理主義の錯覚に異議を唱えた。しかし、それらの批判の中でマルクスのみが唯一、普遍的文化の基礎を発見することに関心を持っている。その他の者たちは、ニーチェの超人、フィヒテの国家、シュペングラーの貴族主義、もしくはフロイトの無意識のいずれであろうが、人間の活力は自らを正当化すると信じるロマン主義者である。ロマン主義は、合理主義の普遍的基準に活力と固有性を対抗させる。この信条は最終的に「力が正義を作る」という信念へと堕落する。ヒトラーとムッソリーニはいずれも、ロマン主義運動の子である。かれらの粗野な部族主義は、合理主義的普遍主義の最終的敗北である。

近代合理主義が、いっそう粗野なロマン主義の手にかかって敗北したことについて、われわれはその責任を近代合理主義に押しつけるべきではないのかもしれない。歴史においては、自然におけるのと同様に、最適者が生き残るとは限らない。近代人間主義の、部族主義の優越した強さに対するこの降伏は、歴史に悲劇的情調を添える不幸な運命の一つと見なすべきであるかもしれない。森の野獣が文明の開拓地に侵入するか、もしくは原始的で自然的な力が、人間の知性が入念に仕上げた何らかの産物を盲目的に押しつぶすということは、これが初めてではない。しかし、そのような寛大な判断ではこの問題に対応できない。結局のところ、ロマン主義と合理主義が近代文明の中心で対立する信条であるという事実は、あらゆる事実を正しく評価する人間本性についての見方を近代人が見出すことは不可能であることを証明するものである。もし合理主義者が、教育の継続的な拡張によってのみ自然人の活力の可能性を手なずけることができると考えるならば、深刻な誤りを犯している。それは、歴史が暴露し、生が復讐するであろう誤りである。さらに、もし、合理主義者と同様に普遍主義的夢から始まったロマン主義者が部族主義者に変貌するならば、この頽落はまた、人間の問題についてのロマン主義的見方の誤りをも暴露することになる。近代文化の歴史において、ロマン主義的普遍主義と合理主義的普遍主義のいずれもが、自らを、そして互いを破壊してきた。合理主義者は無自覚的な狂信者である。かれは、「議会制民主主義」や「科学文明」といった自らの理想が普遍的な人間の価値を示していると今なお思い込んでいる。他方、ロマン主義者は、自らのかつての普遍主義をあからさまに否定した自覚的狂信者である。合理主義者は、ブルジョワ文明の特殊な視点を永遠の原理と取り違える。一方、ロマン主義者は、一層粗野な率直さによって、後期資本主義の民族主義的無政府状態を、初期資本主義の、うわべだけで偽物の普遍主義に突きつける。ロマン主義の勝利はたいへんたやすいものである。なぜなら、自然の力は、近代が認識した以上に、理性との対立において強力であり、理性の働きにおいて内在的だからである。

自然の理性に対するこの最終的勝利（「血と土」という形式における）には奇妙な哀愁がある。なぜなら、近代文化はしばしば、自然と理性の同一性を前提としたからである。近代文化は、「自然法」や「理性の法」といった行動原理を語り、それを時代遅れの宗教的規範と見境なく置き換えようとした。かくしてヘルダーは述べた。「われわれの民族の精髄と、その目的と運命は理性にかかっている。歴史は、自然の永遠の法に従うことを教えている。歴史が、あらゆる不条理の欠陥と帰結をわれわれに教えるとき、それはわれわれに、カオス的諸力に対して理性と善が戦う、あの偉大な有機体について教えている。その戦いはしかし常に、秩序を創り、勝利への道へと推し進める、理性と善の自然に従ってのものである」。理性と自然を同一視する誤りは、ストア派から近代に継承され、汎神論という典型的な誤りを示す。ストア派は、人間にとっての道徳的理想は確立された自然の調和にあり、それは理性が発見するものであると考える。それは深刻な誤りである。自然が予定調和を明らかにしている限りは、それは道徳的ではなく超道徳的なものである。道徳的行為の可能性を確立する理性の自由がまた、混乱とあの「カオス的諸力」を創り出す。それはヘルダーが愚かにも、理性の中にその根源を持つと考えたものであった。

悪が生起するのは、まさに人間の理性と自然との関係においてである。そのような悪は、理性の力を拡張することによってきわめて容易に滅ぼすことができると近代文明が期待したものであった。人間の理性が人間の精神を自然の必然と偶然から現実に自由にするものである限りは、人間の理性は道徳的行為の可能性を創出する。この解放が決して完遂されず、また、合理性が決して実体を持たないならば、人間の理性は自然の不調和を助長する。かくして、人間の理性は一方で、人種の相違を自然の偶発事と見なし、また、理性的兄弟愛の名のもとで、その相違を軽視し否定すべき偶然と見なす。そして、その同じ人間の理性が、自然にはない精神的意義をこれらの相違に付与するのである。人種的高慢と偏見は、人種間の兄弟愛の所産であるのみならず、理性的自由の所産でもある。同様に、いっそう高次の善への関心のもとに、自然的衝動や必然に対して異議申し立てをするその理性がまた、究極的善という見せかけにおいてまさにそのような衝動をつのらせることがある。性的衝動は、動物的生に固定される要素である一方、人間的行動へと導かれ昇華されうるものである。しかし性はまた、人間的関心の倒錯した中心と不調和の源にもなるものである。それは動物的行動のあずかり知らぬものである。

こうして、近代文化が神と見なし、普遍性の原理と見なし、また善の保証人と見なしてきたまさに理性そのものが、実際には人間の問題であって、問題への答えではないことが明らかになる。それゆえ、この理性を神として確立しようとする人間の努力は、偽りの宗教的正統主義が引き起こしてきたものよりも残酷な狂信という結果を招く。自然や歴史の中に見いだされるあらゆるものより純粋な正義に従わない人間の正義が、狂信的な自己義認に堕落するのは必定である。この人間崇拝は自己崇拝に陥る。それが近代精神の哀れさである。これは、知識によらない神への熱心さの帰結である。すなわち、人間の理性が構築したものではない、あらゆる思想と生の前提、つまり、この世の創り主であり裁き主である神についての知に従っていないということである。

Ⅲ

近代の人間主義の誤謬を見定めることにおいて、マルクス主義的人間主義者を、ここまで考えてきたような人間主義の範疇にあまりに簡単に入れてしまうのは間違いであろう。マルクス主義者は、人間理性の欺瞞について何ら思い違いはしていない。マルクス主義者は、理念と利害関係とがいかに密接に関係するかを知っている。人間本性についてのその全体的理解は、あらゆる人間の文化の有限性についての認識に基づいている。しかし、奇妙な強情によって、マルクス主義者は、人間の思考の有限性にもかかわらず、普遍的文化を確立する道を発見したと主張する。その奇妙な強情とは、生まれながらの人間が、その善に疑問を投げかける神に従わないことの帰結としか見なしようのないような強情のことである。マルクス主義者は単に、人々が他者の利害よりも自分自身の利害を選好することのないように、すべての人々の利害を均一にしようとしているだけである。『共産党宣言』は、この希望を実に無頓着に表現している。「民族的疎隔と対立は今日すでに、商業の自由、工業生産の画一性とともに、ますます消え去りつつある。プロレタリアートによる支配はなおいっそうそれを消滅させるだろう。階級対立がなくなるとともに、国民同士が相互に敵対しあう状態もなくなる。……各人の自由な発展が万人の自由な発展の一条件である協同社会が登場する[5]」。この宣言の最初の部分は、商業の自由と生産様式の統一が日毎に民族間の闘争を減少させていると主張している。しかしそれは、マルクス主義思想がブルジョワ的な合理主義的錯誤に依存していることをひときわ露わにするものである。

(5) マルクス、エンゲルス『共産党宣言』(森田成也訳、光文社、二〇二〇年)、八六―九二頁。

ブルジョワ文化一般に対する、マルクス主義思想のいっそう高度な現実主義にもかかわらず、その最終的な普遍主義は、ブルジョワ文化のそれと同様に大いなる妄想である。しかも、歴史はその普遍主義を完膚なきまでに否定してきた。スターリン主義者とトロツキー主義者との間に始まった暴力的対立を「階級闘争」に帰することはほぼ無理である。それは、「階級なき社会」に同じように熱心で、またその前提に同じように通じている者たちの対立である。しかし、その対立の中に、資本主義社会の闘争におけるのと同様の、あらゆる共通の人間性の完全な否定がある。モスクワの企ては、マルクス主義的普遍主義の完全な終わりをもたらした。善についての自らの考えはいっそう高次の審級のもとにあることを知らない者は、その「階級的」な敵に対するのと同様に、政治的確信を概ね共有する自分たちの敵に対して残酷になる。かれらは、その異端的同調者に対してとる何らかの残酷な手段を正当化するために、その者たちは実は階級的な敵であると示しさえすればよい。おそらく結局のところ、トロツキーのソビエト体制に対する今のところの告発は、少なくとも、官僚と大衆との「階級」闘争を念頭に置いている点で正しい。このことは、私有財産の国有化が社会的正義に真に益となるものではないことを意味しているわけではない。しかし、いかなる財産の相違をも許容しないという意味での「階級なき」社会が十全なる階級なき社会というわけではない。なぜなら、権力を持つ者たちは、権力を持たない者たちとは異なった問題の見方をするからである。そのような相違が、同胞相争う闘争へとつながるわけでは必ずしもない。しかし、人々が、さまざまに異なった視点から生を見ていながら、信念を特徴づけるのは自らの視点であることを認めようとしないときはいつでも、もろもろの相違がそのような闘争へとつながっていった。自分たちは絶対的視点を有すると確信するとき、かれらは、その敵対者を、真理への反逆者と見なさざるをえない。こうして、同一の経済的利害関係の基礎の上にあらゆる人間の視点を統一しようとしたマルクス主義は、異なった型のマルクス主義間のいっそう残酷な闘争を引き起こす。ここでもまたわれわれは、知識に従わない神への熱心さを見るのである。

この人間主義的理想主義の悲劇的な自己破壊全体については、われわれの導きとして選んだローマの信徒への手紙第一〇章の言葉によってまとめられるであろう。近代の人間主義は、正統的キリスト教が「キリストを引き降ろす」ことに抗することによって始まり、「キリストを死者の中から引き上げ」ようとすることによって終わった。人間主義的理想主義は、キリストにおいて受肉した生の超越的可能性を実現したという教会の主張に抗するものである。人間主義的理想主義は超越を信じない。しかしそれは、ある普遍的な人間の美徳や能力によって一つのキリストをでっちあげようとするものである。不幸なことに、自然と歴史は、人間の生のあらゆるものを相対化してきた。したがって、このような努力は、歴史の相対性を、罪深い傲慢さという精神的欺瞞に陥らせるという哀れな結末に終わる。

Ⅳ

パウロの福音が、それ自体普遍主義を有することに着目するのも面白い。「ユダヤ人とギリシア人の区別はありません。同じ主が、すべての人の主であり、ご自分を呼び求めるすべての人を豊かにお恵みになるからです」とパウロは言う。これは、共通の功績というよりは共通の欠乏による兄弟愛である。ユダヤ人もギリシア人も、いずれも神の愛を必要としていることにおいて同じである。人間の正しさを神の正しさに従わせることは、われわれの成就はみな不完全なものであることに気づくことである。またそれは、われわれの美徳の中にはみな汚点があること、われわれの考えることにはみな自然的限界があることに気づくことである。このようにして謙遜を促される人間は、その理想においても異なるだろう。しかし、かれらは、自分たちが異なった者とならねばならないという事実において、次のような者であることに気づくだろう。それは、かれらの相違は、自然と歴史の環境に根ざすものであること、そして、これらの相違は、自然の知るあらゆることを超える罪深い部分にまで達するということである。

かれらは、道徳的理念における一致や相違を、取るに足らないものとは見なさないであろう。かれらは、人間は歴史において重大な決定をなすべく召されており、その決定はときに、息子と父との、また娘と母親との敵対をもたらすことを知るだろう。自らが身を献げる正義を神の正義に従わせることは、良心によって促される何らかの大義への忠誠をおろそかにすることを意味するものではない。しかしかれらは、自分が有限で罪深い者であり、同じように有限で同じように罪深い他者と争う者であることを知るだろう。ここで宗教的視点が道徳的視点と交差する。人間は、自分が知っている最も真正な道徳的義務への献身からも欺かれる可能性が常にあるという仕方でそうなのである。しかし、最良の場合、キリスト教的謙遜という感覚は、道徳的熱意を損なうものではない。それはただ、道徳的傲慢を砕き、正義が自己義認へと堕落するのを防ぐのである。キリスト教的謙遜は、ウィリアム・ロイド・ガリソン(6)による奴隷所有者への攻撃の怒りを和らげたかもしれない。しかしそれは、ジョン・ウールマン(7)の奴隷制廃止への情熱を砕くことはなかったのである。

(6) William Lloyd Garrison (1805-1879). アメリカのジャーナリスト、奴隷制廃止運動家。

(7) John Woolman (1720-1772). アメリカ植民地時代の奴隷廃止論者、クエーカー伝道者。

13 裁きについての二つのたとえ話

「人の子は、栄光に輝いて天使たちを皆従えて来るとき、その栄光の座に着く。そして、すべての国の民がその前に集められると、羊飼いが羊と山羊を分けるように、彼らをより分け、羊を右に、山羊を左に置く。そうして、王は右側にいる人たちに言う。『さあ、私の父に祝福された人たち、天地創造の時からあなたがたのために用意されている国を受け継ぎなさい。あなたがたは、私が飢えていたときに食べさせ、喉が渇いていたときに飲ませ、よそ者であったときに宿を貸し、裸のときに着せ、病気のときに世話をし、牢にいたときに訪ねてくれたからだ』。……

それから、王は左側にいる人たちにも言う。『呪われた者ども、私から離れ去り、悪魔とその使いたちに用意してある永遠の火に入れ。あなたがたは、私が飢えていたときに食べさせず、喉が渇いていたときに飲ませず、よそ者であったときに宿を貸さず、裸のときに着せず、病気のとき、牢にいたときに、世話をしてくれなかったからだ』。すると、彼らも答える。『主よ、いつ私たちは、あなたが飢えたり、渇いたり、よその人であったり、裸であったり、病気であったり、牢におられたりするのを見て、お仕えしなかったでしょうか』。そこで、王は答える。『よく言っておく。この最も小さな者の一人にしなかったのは、すなわち、私にしなかったのである』。こうして、この人たちは永遠の懲らしめを受け、正しい人たちは永遠の命に入るであろう」。

マタイによる福音書第二五章三一―四六節

「天の国は、ある家の主人に似ている。主人は、ぶどう園で働く労働者を雇うために、夜明けとともに出かけて行った。彼は、一日につき一デナリオンの約束で、労働者をぶどう園に送った。また、九時ごろ行ってみると、何もしないで広場で立っている人々がいたので、『あなたがたもぶどう園に行きなさい。それなりの賃金を払うから』と言った。それで、彼らは出かけて行った。主人はまた、十二時ごろと三時ごろに出て行って、同じようにした。五時ごろにも行ってみると、ほかの人々が立っていたので、『なぜ、何もしないで一日中ここに立っているのか』と言った。彼らが、『誰も雇ってくれないのです』と答えたので、主人は、『あなたがたもぶどう園に行きなさい』と言った。夕方になって、ぶどう園の主人は管理人に言った。『労働者たちを呼んで、最後に来た者から始めて、最初に来た者まで順に賃金を払ってやりなさい』。そこで、五時ごろに雇われた人たちが来て、一デナリオンずつ受け取った。最初に雇われた人たちが来て、もっと多くもらえるだろうと思っていたが、やはり一デナリオンずつであった。それで、受け取ると、主人に不平を言った。『最後に来たこの連中は、一時間しか働かなかったのに、丸一日、暑い中を辛抱して働いた私たちと同じ扱いをなさるとは』。主人はその一人に答えた。『友よ、あなたに不当なことはしていない。あなたは私と一デナリオンの約束をしたではないか。……自分の物を自分のしたいようにしては、いけないのか。それとも、私の気前のよさを妬むのか』。このように、後にいる者が先になり、先にいる者が後になる」。

マタイによる福音書第二〇章一―一六節

《最後の裁き》と《労働者とぶどう園》という二つのたとえ話は、キリスト教が説く二つの側面を強調している。常に引き裂かれているその二つの側面は、対立する神学の元になっている。最後の裁きについてのたとえ話には、善に報い悪を罰する裁き主としての神が描かれている。神の裁きの基準、また、神の目における究極の美徳の原理は、困窮する者に対する憐れみ深い愛であるとされている。ぶどう園のたとえ話は、労働時間の長さを度外視して、雇われた者に賃金を払う気前のよい主人としての神を描いている。それはつまり、かれらの生き方においてなされた善もしくは悪の正確な度合いを考慮に入れないということである。そのやり方に対して、一人の雇われた者が正義の名のもとに抗議したが、「私の気前のよさを妬むのか」という主人の主張によって退けられる。そこでの明らかな意味合いは、主人は、すべての雇われた人に、それに値する以上の賃金を支払うゆえに、最後の者と最初の者とを区別しないのも正当とされるということである。それはまた、われわれができることをすべてなした後であっても、依然としてふさわしくない僕であるという観点からイエスがいっそう明らかに述べたのと同じ視点を含んでいる。最後の裁きのたとえ話では、人間の善と悪は神の眼において究極的に重大であると告げられている。労働者とぶどう園のたとえ話では、人間の善と悪は重大ではないと告げられている。

第一のたとえ話を「ペラギウス的」、第二のたとえ話を「アウグスティヌス的」と呼ぶのは、全く正しいことではないかもしれないが、間違いではないだろう。それらの対照的な強調は、キリスト教における道徳的基調と超道徳的基調にもとづくものである。近代の神学において、第一の、より単純で理解しやすい道徳的基調は、しばしば福音書と同一視され、第二のものはパウロ書簡と同一視された。それは、福音書をダシにしてパウロを貶める努力の中でなされたことであった。第一のたとえ話はイエスの「単純な福音」に属し、第二のものは「パウロ的」なものに属するとされた。それは、パウロはその難解な神学によって単純な福音を混乱させ改悪したという、常に前提された判断におけるものであった。以上のようなことから、第二の超道徳的な基調を、福音書から、より個別的には福音書のたとえ話から引き出すのは有益なことである。ぶどう園のたとえ話の論理は、パウロの文書全体においても展開されていることが認められなければならないとしてもそうなのである。

I

実際のところ、これら二つのたとえ話の対照は、聖書の思想全体を貫くものである。それは、聖書が人間存在の究極的問題の二つの側面に正しく向き合っているゆえに、必然的にそうなのである。一方で、人間は善か悪か、愛情があるか自己中心的か、誠実か不誠実かということについて聖書が相違を設けていることは事実である。聖書の思想は、神の眼における究極的な相違という真実の相違を設ける。他方、いかなる相違もない。いかなる生も、究極的に神の眼において自らを正当化することはできない。悪と善、そして善の比較的な多寡でさえも、神の慈愛が必要であることにおいて同等なのである。

われわれは、この対照を詩編に見出す。第一編には、「幸いな者／悪しき者の謀に歩まず／罪人の道に立たず／嘲る者の座に着かない人。主の教えを喜びとし……悪しき者は違う」とある。ここで、羊〔「幸いな者」を象徴〕は山羊〔「悪しき者」を象徴〕と区別されている。しかし、一四三編にはアウグスティヌス的な告白がある。「あなたの僕を裁きにかけないでください。生ける者の中で／あなたの前に正しい者はいないからです」〔詩一四三・二〕。

預言者文書は同様の対照に満ちている。簡潔のためイザヤからの例でとどめておく。以下は道徳的裁きと有罪宣告である。「あなたがたが進んで聞き従うならば／地の良き実りを食べることができきる。あなたがたが拒み逆らうならば／剣の餌食になる」〔イザ一・一九〕。また、「悪を行うことをやめよ。善を行うことを学べ。公正を追い求め、虐げられた者を救い／孤児のために裁き、寡婦を弁護せよ」〔イザ一・一六―一七〕という言葉には慈愛の約束が続く。「主は言われる。さあ、論じ合おう。あなたがたの罪がたとえ緋のようでも／雪のように白くなる。たとえ紅のように赤くても／羊毛のように白くなる」〔イザ一・一八〕。裁きの言葉における善と悪との鋭い区別は、究極的な慈愛の約束における悪の赦しの保証の中で乗り越えられる。

「そこには何の差別もありません。人は皆、罪を犯したため、神の栄光を受けられなくなっていますが、……神の恵みにより価なしに義とされるのです」〔ロマ三・二二―二四〕という言葉で福音の主要な強調を要約しているパウロですら、道徳的区別の基調を欠いていない。かれは述べる。「私たちは皆、キリストの裁きの座に出てすべてが明らかにされ、善であれ悪であれ、めいめい体を住みかとしていたときに行った仕業に応じて、報いを受けなければならない」〔二コリ五・一〇〕。

また、イエスの考えにおける対照を、先述の二つのたとえ話のみに限定する必要もない。ファリサイ派と徴税人〔ルカ一八・九―一四〕のたとえ話はおそらく、自分が正しい者ではないことを知らない義人よりも悔い改める罪人のほうを好むイエスを示す最も古いものであろう。しかし、正しい者と正しくない者との違いについてのイエスの主張は、恐ろしいまでの真剣さを伴う言葉によって示されることもある。「人をつまずかせるこの世に災いあれ。つまずきは必ず来るが、つまずきをもたらす者には災いがある」〔マタ一八・七〕、「私を信じるこれらの小さな者の一人をつまずかせる者は、ろばの挽く石臼を首に懸けられて、深い海に沈められるほうがましである」〔マタ一八・六〕。

歴史における悪と善との違いは、歴史の相対性を超える究極的な相違である。「この最も小さな者の一人」〔マタ二五・四〇〕に示される愛は、神自身に対する愛である。言い換えれば、福音における「善い」行いは常に愛の行いであり、それは永遠なる真実のまさに本質に踏み込むものである。しかし他方で、永遠の真実は神によって決められるのであって、人間によるものではない。そして、その永遠の真実は、人間における悪を乗り越え、またそれゆえに人間における善と悪との違いを乗り越える神の慈愛によって啓示される。それは違いを作り出す。一方で、違いを作り出しはしない。これは、聖書の思想における鋭い対照である。この対照についてありうる究極的解決について考察する前に、人間の経験の観点から、この対照の両面についてさらに詳細に分析することにしたい。

II

《人間は善なのか悪なのか》と、《人間は善をなすのか悪をなすのか》には違いがある。あらゆる道徳的相対主義にもかかわらず、われわれは、何が善であり悪であるかをかなりよく知っている。功利主義の道徳的体系は、福音的倫理に比べてかなり自己中心主義を正当化するであろう。しかし、いかなる道徳体系も、何らかのかたちで、自己本位的行為よりも他者本位的行為への道徳的選好を示す。自己の罪深い傾向や、他者の生を犠牲にして生きることや、自己の生と他者の生とを結びつけているもろもろの衝動を募らせるのを抑えることは善いことであるとわれわれは知っている。愛は生の律法であって、単なる何らかの成就という超越的理念などではない。人間はみな生の律法を破ることがある。しかし、あらゆる他の生を自らの生に引き入れる者と、神に存在の中心を見出して、神への忠誠を通して、相互的奉仕によって自らをその同胞に関係づけることを知る者との間には違いがある。奴隷の悲しみを自らの悲しみと感じたクエーカーの聖人であるジョン・ウールマンと、奴隷制を正当化し、人間が他の者を所有する俗悪さを曖昧にするために聖書を用いたような、信心ぶる奴隷所有者とは違っていた。残酷さを喜ぶ誇大妄想狂のネロと、同じローマ帝国を支配しながらも、憐れみをもってこの世の悪について熟考した穏やかなマルクス・アウレリウスとは違っていた。(たとえば、王座から修道士生活に赴くとしても)ヒエロニュムスの、病的な自己執着を伴う禁欲主義と、喜びに満ちた、穏やかな、また脱我的なフランシスコの禁欲主義とは違う。そのような人々の違いは、かれらがいなくなった後も、何世紀にもわたって人々の人生のまさに本質に影響を与え続けている。

真実は美徳であり、虚偽は悪徳である。誠実な者と裏切り者とは違う。限りない忍耐をもって、ある時代の記録における小麦と籾殻をふるい分ける課題に没頭する誠実な学者と、自らの思惑に有利になるように歴史に嘘をつかせる偏向した喧伝家とは違う。わたしの嘘は同胞たちを盲目状態に陥れる。そのことによって同胞は、わたしの目を通して見ていたかもしれない真実を見ることを妨げられる。不誠実さは生を破壊する。『マンチェスター・ガーディアン』[1]とロザミアの新聞[2]との間には相違がある。現代の政治的喧伝家によって虚偽は高度な技術となった。悪魔が嘘つきであるならば、ゲッベルス博士[3]は、悪魔の支配領域においてかなり卓越した者となる場を与えられるだろう。もし、この技術文明において、われわれが知るようになった人々が、われわれに対して現在よりもいっそう誠実になり、かれらが見聞きすることを偽りなくわれわれに語るのでなければ、われわれは、きわめて暫定的な世界共同体すら創ることはできないだろう。

勇気は美徳であり、臆病さは悪徳である。ここ数年間、キリスト教の福音の自由のためにドイツで戦っている勇敢な人々と、聖書からの引用（大抵はロマ一三章[4]）によって自らの屈服を正当化しつつ、ばかげたカエサルどもの怪しげな主張に臆病に従うご都合主義の教会人たちとは違う。ヘン

（1）イギリスの上流層向けの高級紙。現在は『ガーディアン』。

（2）ハロルド・ハームズワース（初代ロザミア子爵、Harold Harmsworth, 1st Viscount Rothermere, 1868-1940）が経営者であった時代のイギリスの大衆紙『デイリー・メール』。ゴシップや煽情的な記事によって一般大衆にアピールした。また、反共を唱え、ファシズムを支持した。

（3）ナチスの宣伝相ヨーゼフ・ゲッベルス（Paul Joseph Goebbels, 1897-1945）。ハイデルベルク大学で博士号を取得している。

（4）「人は皆、上に立つ権力に従うべきです。神によらない権力はなく、今ある権力はすべて神によって立てられたものだからです」（ロマ一三・一）。

リー八世に反抗したトマス・モアの勇気は永遠なるものを有している。それは教会の生に今も影響を与え、弱い者が強くなることを助けている。

平和を造る者と戦争を造る者とは違う。すべての人々とできる限り平和に生きようとする者と、無責任また軽率に共同体と国家の平和と秩序を破壊する者とは違う。八福の教えには平和を造る者への重要で特別な祝福がある(5)。

利己的な人々とそうでない人々とは、自分自身の幸福においても違いがあることをわれわれは知っている。人々は時に、美徳と悪徳を定めることにおいて食い違うことがある。しかし全体的には、生を破壊するものと保持するものとの、また、人間の人格を駄目にするものと成長させるものとの違いについてはかなり明確である。これらの相違が明らかであることは、われわれの経験からすぐにわかる。しかしわれわれはまた、それらの相違の究極的な重大さについても何かを感じている。われわれは、その時々の善と悪が永遠を通して響き渡っているのを感じる。また、善と悪がそれぞれ、全体的に次々と連なる同様の善悪の質を生み出すことを感じる。ウマル・ハイヤームは正しい。

綴り終ってなお休みなく　ペン走らせるその〈ひと〉の指！
われらの信仰に心ほだされ　われらの知恵に根負けして、
この定め、せめて半行　棒引きしてくれないものか。
それともこの涙で　一語くらいは洗い流せないものか(6)。

キリストの究極的裁きは、単に時間において最終的なのではない。「最後」という時間的象徴は、質におけるこの究極的性格が言い表される唯一の仕方であるというだけのことである。それぞれの道徳的行為は、時間のあらゆる時点における究極的裁きの下にある。兄弟の中で最も小さき者にすることはキリストにすることである。真の美徳とは神の意志に従う行為であり、また、それによって神の創造の目的に参与することである。もう一方の手における悪は破滅をもたらす。そして、少なくともある意味において、その破滅は永遠なる重大性を伴うものである。われわれが破壊するものをわれわれが再創造することはできない。われわれの無頓着さや、貪欲や、権力への欲望や、みだらな熱情によって破壊される生は、神の恵みによって回復されるかもしれない。しかし、われわれの視点からすれば、われわれがなした悪は永遠である。補償のための行為は悪を軽減するかもしれないが、それが完全に悪の結果を拭い去ることはできない。神の裁きの容赦ない性格についてのこのような強調は、歴史のあらゆる局面と人間のあらゆる経験において立証される。

(5)「平和を造る人々は、幸いである／その人たちは神の子と呼ばれる」(マタ五・九)。
(6) オウマ・カイヤム『ルバイヤート』(井田俊隆訳、南雲堂、一九八九年)、一〇六頁。

III

しかし、福音の教えとあらゆる聖書的思想には、もう一方の側面がある。神の眼からすれば、人間が善か悪かということに相違はない。なぜなら、人間はみな神の慈愛を必要としているからである。ぶどう園で働いた時間に長短の違いはない。最初の者も、最後の者と同様に神の恵みを必要としている。しばしば、最初の者が最後になり、最後の者が最初になるのは、最初の者はこのことをきわめて忘れがちだからである。真の道徳的相違を見くびる危険と、道徳的努力に対する無関心を助長する危険を冒すことなしに、キリスト教において、この「アウグスティヌス的」強調を保持し、正しくとらえることは困難であることが認められなければならない。この危険はたいへん大きいゆえに、このアウグスティヌス的強調は、それが実際の人間の経験の中でそれ自体が正当だとされなければ、正当化されることはないだろう。しかし、人間の罪深さについて何らかの注意深い分析がなされるならば、この洞察がいかに重要であるかが証明される。

そのような分析をするならば、何よりもまず、あらゆる高度な型の正しさには、それ自身の特徴的な罪が伴うという結論に至る。われわれは、利己的な者とそうでない者との違いを正しく認識するかもしれない。しかし、徳があり寛大だという評判を得ている者は、精神的な高慢と虚栄への誘惑に襲われ、部分的にはそれに負けてしまうであろうことをわれわれは認識しなければならない。その者が、そのような誘惑を自覚的に克服しなければならないとしても、かれは、自らが謙遜であるというまさにその主張によってさえ高慢を示すだろう。「謙虚さについての論議も、うぬぼれた人たちには、高慢の種となり……謙虚さについて謙虚に話す人は少ない」[7]とパスカルは言った。次のことは、人間の自尊心をこの上なく困惑させる。すなわち、悔い改めと謙遜を強調する神学が、どれほどまでに、その主唱者たちの知的傲慢の手段となるかということを、現代の神学思想を見渡したときに気付かされることとである。アングロ・カトリック[8]の神秘主義者であるヘルマン夫人は数年前、自己とは玉ねぎのようなものだと述べた。もし自己中心主義が克服されなければならないとすれば、自己の皮が一枚一枚剝がされなければならない。このたとえはたいへん教訓的である。思想において、自己を自覚的に攻撃することによって自己中心主義的要素を取り除こうとすることは、神秘主義的努力の自己破壊的性格を明らかにしている。というのは、玉ねぎは、皮が剝かれるほど次第に鼻にツンと来るようになり、しまいには無になってしまうからである。次第に増す刺激は、自らを取り除こうとする神秘主義的努力に巻き込まれる自己への没頭を象徴している。そして、その過程における最終的な破壊は、神秘主義の目標である、自己無化と神への吸収という理想をよく表していると言えよう。しかし実際には、自我と自己中心主義との関係は、そのような

（7）　パスカル『パンセ』（前田陽一・由木康訳、中公文庫、二〇一八年）、二六六頁参照。
（8）　アングリカンにおけるカトリック的要素を強調する立場。

神秘主義的な自我への攻撃が前提するものよりも難しいのである。

あらゆる正統的な自我の表現は、その利害という、正統的ではない強調を含んでいる。それはますます隠微なかたちをとるであろう。しかし、それが歴史的経験において取り除かれることも、規範的もしくは善なるものと見なされることもありえない。この事実を認めることは、「聖人」というカトリックの考え方を否定することを含む。相対的な意味において言うならば、人間は聖人になりうる。より粗雑でありふれた自己表現に比べて、独創的な美徳の形式の際立った高みに達することもあるかもしれない。しかし、かれらが自らを聖人と見なすやいなや、聖人ではなくなってしまうだろう。他人から聖人であると評価されることは必ずしも、同じような破壊的結果をもたらすとは限らない。特に、その評価が後の世代によるものであるときはそうである。しかし、もし、人間的経験において、あらゆる形態の美徳から染み出ている疑いようのない悪を認めないならば、そのような評価はいまだ正確ではない。聖人は依然として罪人である。それは、単にかれらが、その有限性の中で究極的規範に達していないからではない。かれらが、自らのまさに有限性に対して、ある罪深い盲目さを露呈し、また、まさにその達成において、美徳を超える罪深い欺瞞を露呈する運命にあるゆえにそうなのである。

最近、ある神学者が、「ヒトラーとカルヴァンを同一視して、かれらはいずれも神の前で同等に罪人であるという神学は放棄しよう」と述べた。その要求は、神に反抗する自覚的な自己栄化と、神を礼拝する行為においてまさに現れ出る無自覚な自己中心主義との違いをふまえて主張される限りは正しい。しかし、そのような例を持ち出すこと自体が、人間本性をあまりにも道徳的に評価することにおける誤りを示している。神の知恵による鑑識眼が、究極的にカエサルたちと宗教的預言者たちの相対的な美徳をどのように見分けるかは、私たちの知性には予想もつかない。しかしわれわれは確かに、われわれでさえも達しうる道徳的判断のある段階においては、ヒトラーもカルヴァンもまったく同様であることに気づくことができるほどには十分な認識力を有している。カルヴァンの、セルヴェトゥス[9]とカステリョ[10]に対する不誠実さと残酷さは、罪深い高慢による積極的な悪と、神を熱望する者が陥りうる潜在的な加虐性についての重要な実例である。われわれが、政治的権力を行使する者と、神の裁きを説教する者とを誰でも比べてみるならば、そのことは同様に真実であろう。

最も徳のある生においてさえあるものは、積極的な悪の要素だけではない。怠慢という罪に関してわれわれはみな至らぬ者であるゆえに、神の目においてわれわれはまた同様に罪人である。われわれが「しなければならないことをせず[11]」という告白なしで済ませられるところでは、完成の域

(9) Michael Servetus (1511-1553). スペイン出身の人文学者。三位一体論に反対し、カルヴァンの告発によって火刑に処せられた。

(10) Sebastian Castellio (1515-1563). フランスの人文主義者。聖書解釈をめぐってカルヴァンと対立し、ジュネーヴを追われた。

(11) 日本聖公会『祈祷書』(日本聖公会管区事務所、二〇〇四年)、一九頁参照。また、「私は自分の望む善は行

に達する可能性はない。我々は確かに殺人を犯さないだろう。しかし、人々の福祉についてわれわれが無頓着であるゆえに、人々は死ぬのである。われわれは不倫を犯さないかもしれない。しかし、第七戒〔姦淫してはならない〕を、山上の説教において敷衍された意味[12]から考えるならば、第七戒の違反を免れていることにはならない。われわれは、あからさまな言葉で隣人に関して偽証はしないかもしれない。しかし、自分たちが自らを裏切る無自覚的な過程を考えるならば、あらゆる人間は嘘つきである。

以下のことは、現代文明の奇妙な皮肉の一つである。すなわち、合理主義的なキリスト教が、その純粋な自覚的行為の観点から、人間による完成の可能性を考慮しようとするまさにそのとき、一方では心理学の形態をとり、他方、社会経済学の形態をとる世俗的科学が、そこに隠されていた悪の無自覚で際限ない可能性の迷宮的な深さを暴露したということである。マルクスもフロイトも、それぞれの仕方で、自覚的な精神が美徳を志向するときでさえ人間の行為を悩ませ、人間の理想を堕落させる無自覚の不誠実さを発見した。すべての人間が有罪であるところの無自覚的な罪は、純粋に消極的な言葉で解釈されることもある。そのような罪は、精神の道徳的野心に反して働く自然の惰性を示すものとされる。しかし厳密に言えば、純粋に消極的な意味での罪などない。人間の行動における理想への情熱と微妙に混ぜ合わされた自然的衝動は、決して純粋に自然的なものではない。つまり、それは単に、明らかに人間的なものと戦う、単なる人間における動物ではない。人間の精神の自由は自然の最深奥まで届き、その自然的な平穏をかき乱す。動物の世界があずかり知らぬ可能性を自然的熱情に付与して、そのようにするのである。われわれの夢の世界の空想的なイメージの中では、良心によって追放された情熱が、われわれの自覚的な法に対する反抗を導く。しかし、そのようなイメージは精神の所産であって自然の所産ではない。われわれの中の動物が精神と戦うとき、それは、精神の武器庫から盗んだ武器を用いるのである。

精神の積極的な罪はプロメテウス的である。人間の精神は、その道徳的弱さを誇らしげに飛び越え、背徳的な神性を主張する。人間の消極的罪はデュオニュソス的である。そこにおいて、精神はあらゆる暗い無自覚的な自然の衝動を研ぎ澄ませ、美徳の要求と罪とを戦わせる。したがって、消極的に見えるものも純粋に消極的ではない。なさねばならなかった物事をなさないままにしておくとき、われわれは、なすべきではなかったことをなすのに忙しいのである。自然の惰性よりも過酷な支配を振るう情熱への隷属によって、われわれは美徳を妨げられる。トルストイとマクシム・ゴーリキーによって描かれたロシアの農夫の生活の過酷さは、単なる怠惰と無知の結果ではない。

それゆえに、純粋に道徳的な段階における生の問題に対する解決策はない。もし、人間の破壊に

わず、望まない悪を行っています」（ロマ七・一九）参照。

（12）「あなたがたも聞いているとおり、『姦淫するな』と命じられている。しかし、私は言っておく。情欲を抱いて女を見る者は誰でも、すでに心の中で姦淫を犯したのである」（マタ五・二七—二八）というイエスの言葉。

引き続いて、創造のみならず再創造もする神の慈愛の保証がないならば、人間の企ては純粋に悲劇的なままである。このことによって超道徳的なものは正当とされる。それは、あらゆる深遠なキリスト教思想の中にあるわけではない。このような言い方は、決して生の高さと深さを測ることなく、その小綺麗な道徳体系を、自覚的行為という上っ面だけで整理するような単純な道徳主義者には不快なものであろう。

Ⅳ

道徳的そして超道徳的という二つの要素を、人間の経験の二つの側面を認識するキリスト教において調和させることは容易ではない。信仰義認というパウロの教理は、信仰よって生きる者は、自分自身がなしたことによってでは正しくないとしても、神の恵みによって義とされると主張する。この義認は、人間を道徳的義務から解放するわけではない。「恵みが増すようにと、罪にとどまる」〔ロマ六・一〕ことを神は禁ずる。反対に、赦しの恵みは、神の意志を自覚的に自らの生の律法とする者のみに与えられる。この意味において、律法と恵みとの緊張は、個人の生において解決される。しかし、律法と恵みの相互関係の秘義が最終的に明らかになったと主張することはほぼできない。その秘義とは、一方では、なされなかった義務はその後も決してなされることはないかのように、義務がわれわれに要求されるということである。他方、もし神が、われわれが未完成のままにしてしまったものを完成し、われわれが堕落させたものを浄化させることができないとすれば、人間は破滅すると信仰は宣言する。十字架は、この二つの真理の完全な啓示である。十字架において、人間に対する罪は、偶然的な至らなさ以上の何かとしての、神に対する罪であることが明らかにされる。しかしそこにおいて、人間の罪をイエス自身で引き受け、そこで覆い隠すという、神の慈愛に満ちた目的もまた明らかにされる。しかし、十字架においてさえも、律法と慈愛との関係は秘義であり続ける。神が悪を克服することをわれわれがまた信じるとするならば、いかなる意味において、われわれがなす悪が永遠に重大なのかをわれわれは知らない。ここで、キリスト教信仰は人間の知恵を超え、人間の知恵よりも賢明な神の愚かさとしてわれわれに語りかける。しかし、その秘義を排除したふりをする知恵のささやかな体系を信用することをやめるまでに生を深く探求したならば、われわれは、この愚かさを知恵として受け入れることができる。

愛は律法の成就でもあり否定でもある。赦しは最高の正義であり、また、正義の目的である。最後の審判についてのたとえ話における裁きは容赦ない。神は人間を、そのなした悪によって地獄に追いやる。ぶどう園のたとえの主人は正義の計算をきっぱりと拒否する。この裁き手とこの主人はいずれも、裁き主であると同時に救い主である神の象徴なのである。

14 この世のものではない王国

そこで、ピラトはもう一度官邸に入り、イエスを呼び出して、「お前はユダヤ人の王なのか」と言った。イエスはお答えになった。「あなたは自分の考えで、そう言うのか。それとも、ほかの者が私について、あなたにそう言ったのか」。ピラトは答えた。「私はユダヤ人なのか。お前の同胞や祭司長たちが、お前を私に引き渡したのだ。一体、何をしたのか」。

イエスはお答えになった。「私の国は、この世のものではない。もし、この世のものであれば、私をユダヤ人に引き渡さないように、部下が戦ったことだろう。しかし実際、私の国はこの世のものではない」。ピラトが、「それでは、やはり王なのか」と言うと、イエスはお答えになった。「私が王だとは、あなたが言っていることだ。私は、真理について証しをするために生まれ、そのために世に来た。真理から出た者は皆、私の声を聞く」。ピラトは言った。「真理とは何か」。

ヨハネによる福音書第一八章三三―三八節

第四福音書〔ヨハネによる福音書〕の記者は、文字通りの歴史ではなく歴史の解釈者である。ゆえに、ピラトの前に立つイエスの場面のその記録は、歴史家ではないだろう。しかし、それは深いところで真のドラマである。それは事実、永遠のドラマである。そこには、王の前に立ち、王が預言者を裁くことよりも上位の審級に訴えかける預言者たちのことが、イエスという個人の行為として記されている。ピラトの前に立つイエスは、このドラマの山場である。ここで、受肉したこの世の裁き主がこの世に裁かれる。――そして、この世を裁くのである。

ピラトを、典型的な政治的権力の行使者と考えてよいだろう。かれは、イエスに対して称賛と軽蔑の入り混じった態度をとった。それは、権力者が純粋に善き者の権威に対するときに常に示すものである。それは、ピラトが理解しうるものを超える威厳を示し、それでいて、ピラトが主人である領域における弱さを示している。ピラトのイエスに対する主な関心は、イエスのような王のありかたが、ローマ帝国にとって実際に脅威となるのかどうかを見定めることにあった。大祭司たちは、脅威になると主張した。ユダヤの法廷でのイエスの告発においてかれらは、メシアという観念の宗教的意味合いを強調し、イエスを、神を冒瀆する者であると非難した。ローマの法廷でかれらは、メシアという観念の政治的意味合い〔ちなみに、イエスはそのことをきっぱり否定していた〕を強調し、反逆のかどで告発した。ピラトが知りたかったのは、この眼前の人間が実際のところ、無害な宗教的夢想家や預言者なのか、それとも危険な暴徒なのかということだった。ついでながら、この世の法廷の判断は常に、そのような思惑によって歪められていると言えよう。最も危険な犯罪者は常に、法廷それ自体を保持する仕組みを脅かす者である。問題が法廷の存在自体に関わる場合に、法廷が公平でなかったときはいまだかつてない。近代の統治におけるように、司法権が行政権と分離している場合でさえそうである。それが、「お前はユダヤ人の王なのか」という問いの重要な意味であった。

I

イエスの答えは、ピラトの恐れをたちどころになだめたに違いない。「私の国は、この世のものではない」。イエスがそのように請け合ったので、ピラトはほっとした。この世のあらゆるピラトやカエサルは、そのような保証によって安堵してきたのである。神の国、真実の国はこの世のものではない。したがって、この世の王国が神の国を恐れることはない。神の国に仕える者たちは争わない。かれらは力をもって力に対抗することはしない。この世の王国が恐れるのは権力のみである。結局のところ宗教とは、実に当たり障りのない酔狂なのである。それは、この世の不公正が是正され、この世の涙が歓喜に変えられる、あの世への夢に人々を駆り立てるものである。そのような夢や希望が、目下の苦悩を忍耐して受け止めるよう人々を説き伏せないことがあるだろうか。この問いは、はるか昔から、あらゆる権力者の心に浮かんだものである。その問いによって、権力者は、宗教的預言者や祭司たちに、その王国における補助的統治者という地位を提供しようとする。その申し出がいかに頻繁に受け入れられてきたかを、われわれは歴史から知っている。

預言者や祭司が、統治者との協力関係へと自覚的に引き込まれないときでさえ、かれらが使者であるところの神の国が、この世の国を擁護することがある。祭司が築き上げる聖域は美しいものにもなりうる。そこは、人々が醜い世界から定期的に逃れて赴くところである。そして、悪に対する抵抗から人々の心を逸らすことは辛うじてできる程度の、圧政の苦しみの軽減を保証するところである。預言者が語る義の王国は、人々が現実によって餓え苦しむときに、希望を餌とするように唆す場所である。奴隷制の時代の黒人が、もし次のような歌を歌うことができなかったとしたら、いかにして抑圧を耐え忍ぶことができたであろうか。

天国に行ったら、自分の靴を履いて、神のいる天国をくまなく歩き回ってやろう。

近代における政治的反動主義の最もあっぱれな使徒であるオズワルド・シュペングラーは、宗教のこのような用い方の可能性を完璧な体系へと昇華させた。かれの見方によれば、良い祭司とは、「あなたたちの完成への希望と夢は、この世に役立つものではない」と人々を説き伏せる者のことである。そして悪い祭司とは、宗教的希望を政治的不満へと転じさせる者である。こうして、シュペングラーの見方によれば、共産主義と、不公正に対する他のあらゆる政治的反抗は、キリスト教的完全主義の非正統的な所産なのである。ピラトを安心させよ、カエサルの恐れを打ち消すのだ、主イエスは「私の国は、この世のものではない」と言われたではないか、というわけである。さらにイエスは、「皇帝のものは皇帝に返しなさい」〔マタ二二・二一〕と弟子たちに教えた。そのような安心を与えられた上でピラトは、「私はこの男に罪を見いだせない」〔ヨハ一九・六〕と報告できる。宗教はこの世にとって重要なものであると信じる人々はみな、ピラトの無罪判決に苛立つことはほぼないだろう。もし、イエスの王国が、ピラトが憶測したのと同様に、ピラトの王国を脅かすことがないとすれば、いかにしてイエスの王国はピラトの王国の不公正を克服できるだろうか。イエスの王国はいかにして、まっとうな希望の言葉を、抑圧的権力の犠牲者たちに語ることができるだろうか。

II

ピラトの自己満足を正当なものとして受け入れる前に、この世のものではない、この王国の本質についてさらに探求するのがよいだろう。イエスは、この王国を真理の王国として次のように定めた。「私は真理について証しをするために生まれ、そのためにこの世に来た」〔ヨハ一八・三七〕。特にギリシア世界に向けて語りかけているヨハネによる福音書は、真理そして光という概念を、受肉の意味として重視している。しかしそれは、真理を、人間の生来の理性が理解できるような何らかの単純な命題と見なしているのではない。その真理とはむしろ、生の原理的規範の啓示である。それは、罪が覆い隠し、キリストが取り戻すものである。「ロゴス」[1]とはまさにこの世の規範である。「万物は言によって成った。言によらずに成ったものは何一つなかった」〔ヨハ一・三〕。この世は罪という闇の中にあり、この光を理解できない。生の規範はイエスの世にやってくるが、世はイエスを受け入れない。しかし、イエスを受け入れる者はみな神の子となる資格がある。

言い換えれば、この世は、その真のありようから疎外されている。人間は、自らと神との真の関係を知らない。それゆえに、人間は自らを神とし、その精神は、この自己栄化による混乱によって汚されている。それゆえ、真理の王国は、何らかの彼岸的な世界ではない。それは、この世がそうなるべきものについての概念である。かくして、真理の王国は、この世が人間存在の原理的法を拒絶し続ける限り、この世のものではない。しかし、真理の王国はこの世のものである。それは、歴史的存在と関係するものは何もない、何らかの永遠なる完成というような領域ではない。真理の王国は常に、人間のあらゆる決定に影響を与え、あらゆる行為に関わっている。

聖書の概念によれば、神の国は、決して単に彼岸的な完成ではないことを認識するのは重要なことである。それがたとえ、主としてギリシア世界に向けられた福音書の中で解釈されたものであるとしてもそうである。キリスト者は常に、「御国が来ますように」と祈るように教えられている。それが活力あるとき、この祈りの希望は、あらゆる行為における人間の良心への常なる圧力である。こうして、この世のものではない王国は、この世の中にある。それは、この世にありながら全くこの世のものではない人間を通してあり、またそのような人間の中にある。この世のものでないというのは、かれは決して、この世の規範であるところの罪深い基準に自己満足して居座ることがない、という意味においてである。かれは自己中心的になることもあるが、行動の規準として自己中心性を受け入れることはできない。かれは貪欲になることもあるが、貪欲は誤りであることを知っている。その行為が理想と合致しないときであっても、その理想を不適切なものとして退けることはできない。古代と同様に人間の全的堕落説を強調する近代の神学は、人間の理想と人間の行為との相違を見落としている。行為は常に罪深いかもしれないが、それは、理想の批判の下にある。正義についてのあらゆる理想は、それが状況に適用されるとき、人間が自ら関わっている利害によって歪められるかもしれない。しかし人間は、意図的に自らの利害に一致するように正義についての理想を構築することはできない。正義のあらゆる堕落は、実際以上に公平無私であるとされる正義によって穴埋めするか、もしくはそのように偽るかすることにおいてのみ存在する。《完全》についてのこのような展望は、実際には、ストア派の《黄金時代》という概念や、キリスト教的考え方である《堕落以前の完全》の中で示されている。《完全》を、歴史上における堕落以前の時代へと追いやることとは、宗教的神話をあまりにも文字通りに受け取り、その神話の歴史的象徴によって混乱に陥ることにつながる。

(1) ヨハ一・一の「言」。

この世のものではない王国は常に、人間の不安な良心においてこの世にある。プラトンには、聖書の思想以上に、完全ということを彼岸世界に押しやろうとする傾向があるが、そのプラトンにおいてさえ、この世のものではない王国は決して、人間の行為に全面的に無関係なわけではない。その『国家』の第四巻(2)の終わりで、プラトンは、賢人が身を献げるであろう完全な正義について述べ、ソクラテスとグラウコンとの対話の中で、完全な正義と歴史上の行為との関係について論じている。

「いやしくも心ある人ならば、自分のもつすべての力を、この目標に集中して生きるのではないだろうか。彼はけっして、多くの人々から幸せだと羨ましがられることに惑わされて、財貨の山を際限なく積み上げることにより、これまた際限のない禍をかかえこむようなことはしないだろうね。自己の内なる国制に目を向けて、みずからの国制のなかにあるものを、いささかでもかき乱すことのないように気をつけながら……」

「するとそのような人は」とグラウコンは言った。「国の政治に関することを、すすんで行おうという気持にはならないでしょうね」

「いや、犬に誓って」とぼくは言った、「自己自身の本来の国家においてならば、大いにその気持になるだろう。ただし、現実の祖国においては、おそらくその気にならないだろうけれども」

「わかりました」とグラウコンは言った、「あなたの言われるのは、われわれがいまその建設を詳しく論じてきた国家、言論のうちに存在する国家においてならば、という意味ですね。というのは、少なくともこの地上には、そのような国家はどこにも存在しないと思いますから」「だがしかし」とぼくは言った、「それはおそらく理想的な範型として、天上に捧げられて存在するだろう――それを見ようと望む者、そしてそれを見ながら自分自身の内に国家を建設しようと望む者のために。しかしながら、その国が現にどこにあるかどうか、あるいは将来存在するかどうかということは、どちらでもよいことなのだ。なぜなら、ただそのような国家の政治だけに、彼は参加しようとするのであって、他のいかなる国家のそれでもないのだから(3)」

この対話から、イエスの弟子たちへの言葉が思い起こされる。かれらが喜んで、「主よ、お名前を使うと、悪霊どもでさえ、私たちに服従します」〔ルカ一〇・一七〕と報告したとき、イエスは答えて言った。「悪霊どもがあなたがたに服従するからといって、喜んではならない。むしろ、あなたがたの名が天に書き記されていることを喜びなさい」〔ルカ一〇・二〇〕。言い換えれば、この世のものではない王国には、この世を支配する特別な力がある。なぜならまさに、その王国は、その

---

(2) 第九巻の間違いであろう。
(3) プラトン『国家』(藤沢令夫訳、岩波文庫、一九九三年)、二九八―三〇〇頁。

規準がこの世的な成功によって認証されることなど求めていないからである。その王国に仕える者はピラトと戦うことはしないだろう。しかし、この世によるものではない冷静な勇気によってピラトを否定することはできる。

しかし、この世の王国と、この世のものではない王国との関連についてのプラトンの概念と福音的概念には相違がある。プラトンのものはたいへん個人主義的な概念である。「その国が現にどこにあるかどうか、あるいは将来存在するかどうかということは、どちらでもよいことなのだ」とプラトンは断言する。かれは、この世における正義の勝利の可能性を全く考慮せずに、個人の良心がこの世を否定するよう仕向けることで満足している。神の国についての聖書的概念とは、歴史の中、もしくは少なくとも歴史の終わりにおける究極的勝利についてのものである。ギリシア人にとって、完成とは天にあるものである。なぜなら、歴史はまさにその、一時的であるという性質によって、完成の堕落だからである。聖書的概念においては、この世の罪は、その一時的性質によるものではなく、神に対する人間の反抗によるものである。よって、キリスト教は、賢い者が、その惹きつけられる《完成》という展望に従うであろうということを、プラトンほどには信じていない。しかし、神が、人間の罪深さを覆すことができるだろうことを一層信じている。

この世のあらゆる思想と行為に対する神の国の妥当性をわれわれが認めるとしても、「真理とは何か」というピラトの軽蔑の嘲りの重大さにわれわれはまだ向き合っていない。実際のところ、われわれの考えが理論上いかに高尚であるとしても、各人また各民族が、自身の目的のために真理を解釈し腐敗させるようなとき、真理や正義とはいったい何であろうか。その嘲りはかなり権力者から来るものであり、それは現在において特有の重大さを有している。なぜなら、われわれは、新たな国家的宗教が、真理の普遍的な妥当性を公然と否定するような時代に生きているからである。諸国民はそれぞれ、恥ずかしげもなく自らの利害において真理を作り出している。こうして現代のファシズムは、人間の行為のすべてに暗黙のうちに含まれている真理の相対性を公然と支持する。もし、「この世」ということが、単に現実の領域を意味するのならば、その中に神の国はないことは全く明らかである。それは、人々の良心の中にあるのかもしれないが、その行為の中にはない。理想的正義や完全な愛を夢想するその人間が、熟慮することをやめて行動に参加するとき、自らの利害に従ってそうするのである。

どんな行為が胸中の想いを示したことだろう?
どんな意志が肉体の隔たりを感じなかったことだろう?(4)

(4) 富士川義之編『対訳 ブラウニング詩集』(イギリス詩人選6、岩波文庫、二〇〇五年)、一八一頁。

これは、ロバート・ブラウニングの言葉である。

これは、福音書に啓示されたものとしての神の国を、この世に対する判断の規準ではなく原則とのみ見なすように、ある種の大陸的神学[5]を説き伏せる事実である。かれらの視点においては、この世は、ひたすら自己中心的な規準によって、また、そのような態度に由来する利害の不可避的対立においてのみ歩み続けるものである。キリスト者であってもそれらの規準に従わなければならない。もしキリスト者が、敵を赦すこと、もしくは隣人を愛することに成功するとしても、かれは、そのような行為がこの世における生の質を変えると期待するはずはない。神の国の真理によって霊感を与えられた行為は、その罪によって自らを滅ぼしつつあるこの世に置かれた、裁きと希望の象徴にすぎない。

それ自体は屈折した考え方であるが、少なくとも、次のような事実へと注意を促すという利点がある。すなわち、罪深いこの世は、近代の神学が前提としたほどには、神の国へとたやすく変えられるわけではないということである。ある意味において、神の国はこの世の外にあり続ける。イエスに何の落ち度も見いださなかったそのピラトが、それにもかかわらず死刑執行人となった。ローマの権力は、この神の国の脅威に対して差し当たり安心感を抱いた。しかし、祭司の権力は安心できず、それゆえに、イエスを殺すことを主張した。権力の象徴であるピラトが不本意ながらも祭司たちの手先となった事実は、歴史の教訓的な一コマである。権力者の野望は、祭司や預言者たちの混乱に比べて、神の国に対しては全く有害ではない。祭司や預言者たちは、ピラトに比べて冷笑的ではないが、一層狂信的であり、真理と罪とを一層ややこしく混ぜ合わせている。それが、われわれがそれを通して行為する国家であれ教会であれ、主は、あらゆる人間の行為において新たに十字架につけられるのである。

それにもかかわらず、真理の王国は絶えずこの世に立ち入ってくる。そして、その入場は、良心を超えて行為にまで降りてくる。言は肉となった。現在のドイツにおけるピラトの精神的子孫たちは、キリストの精神的子たちの断固たる結合に直面している。そして、ピラトの子孫たちは、権力を行使することによってキリストの子たちの反抗を鎮める方策を見出しえていない。いかなる強制や投獄の脅しも、その第一の忠誠の対象が神であって、この世の何らかの君主ではない人々の行動を変えさせることができずにいる。「われわれは人ではなく神に従わなければならない」[(6)]というかれらの合言葉は、権力を真理の唯一の源としようとする者たちに敵対する言葉となった。

普遍的文化や普遍的科学の使徒たちの多くが降伏したのに対して、国家を否認しているのが現在のドイツにおける教会であるという事実は、この世のものではない王国と、この世の王国との関係について最も教訓的である。大学はドイツの誇りであった。そしてドイツの教会は多かれ少なかれ

（5）カール・バルトなどの危機神学を想起している。
（6）「バルメン宣言」を想起している。

停滞していた。しかし、大学は、その普遍的文化が国家によって腐敗させられるのを許し、一方、教会は、そのような腐敗と勇敢に戦った。大学の文化は、賢い者の才能によって普遍的真理を探求した。しかし、賢い者もまた罪人であり、その利害や熱情や臆病さが真理を腐敗させうることを忘れていた。人間の知恵に依存する真理の王国は、明らかにこの世のものである。あまりにもそうであるゆえに、この世はその真理の王国を征服して、その誇りを屈辱に陥れるかもしれない。

この世を否定し征服しうる唯一の王国は、この世のものではない。この征服は、単なる究極的可能性であるのみならず、常なる、目下のものでもある。存在のあらゆる瞬間に、それら「真理から出た者」〔ヨハ一八・三七〕はキリストの声を聞く。それは、かれらの行為において警告と戒めと導きを与えるものである。現実の真理はかれらの虚偽を非難する。純粋な正義はかれらの不公正を告発する。愛の律法はかれらの自己中心性を暴き出す。そして、神の国の展望はかれらの存在の真の中心と源泉を啓示する。かれらは天の国という展望に依然として従わずにいるかもしれない。しかしかれらは決して、それまでと同じではありえない。

かくして、この世のものではない王国は、この世の王国にとって、他のいかなる競合的なこの世の王国よりも物騒な危険物である。ある民族は、他の一層強力な民族に滅ぼされることもある。しかし、その一層長い歴史的な発展における文明と文化は、まず自らが自らを破壊しない限り、決して外なる敵に滅ぼされることはない。諸民族を破滅させる力とは、自らが生の法則を侵犯することのみならず、その権力に抗して、神の国の名において語る者たちの異議申し立てのもとで、その道徳的権威を失うことでもある。全くの権力が自らを維持することはできない。権力は何らかの道徳に関する規準を有しなければならない。純粋な良心が不公正な社会構造を打ち破るのはほぼないことは認めなければならない。社会の不公正に抗して語る者は、主としてその犠牲者たちである。しかし、奴隷たちがその抑圧を認めてさえいたら、奴隷制は存続したことであろう。こうして、道徳的要素は、カエサルによる権威のあらゆる成功した挑戦に入り込んでいる。

この事実から、キリストの王国から霊感を得る者は、歴史における不公正と戦う際に、自らを全く道徳的な対抗手段として限定せねばならないという結論を引き出す必要はほとんどない。良心は、力による力への対抗を促すこともある。たとえ、次のことを認めなくてはならないとしてもそうである。すなわち、その良心の結果としての対立から生じた新たな正義が、対立がその名において開始されたところの「完全な正義」に劣るとしてもそうなのである。神の国は、理想的可能性として、また、現在の現実に対する判断の原理として、歴史のあらゆる瞬間に妥当する。この世に抗して神の国に従わねばならない時もある。たとえ、その服従が十字架と殉教を意味するとしてもそうである。時に、勇敢な服従が悪の屈服を余儀なくさせることで、歴史において可能な、新たな、また高次の正義を作り出すこともある。時に、神の国の法則が、抑圧の少なくとも部分的な軽減をもたらすために、この世で作用する自然の力と混ぜ合わせられねばならないこともある。殉教者と預言者と政治家は、それぞれの仕方によって神の国の下僕となることもある。殉教者がいなければ、われわれは、カエサルの王国がキリストの王国の萌芽であるという錯覚のもとで生き、その二つの王国には根本的な対立があることを忘れるかもしれない。その道徳的告発がこの世における現実の変革をもたらすような成功した預言者がいなければ、われわれは、人間の歴史のそれぞれの瞬間が、現実の、また実現可能な高次の可能性に向き合っていることを忘れるかもしれない。そして、権力の不公正を正すために権力を用いる政治家がいなければ、キリストの王国の展望はただ、自らは不公正に苦しむことがないゆえに現実の不公正を黙認することができる者たちの贅沢品になってしまうことをわれわれは許してしまうかもしれないのである。

15　生の成就

我は、罪の赦し、身体（からだ）のよみがえり、永遠の生命を信ず。　　使徒信条

「使徒信条」のこの最後の言葉は、生の成就に関するキリスト教的希望を表現している。しかし、私が神学校を卒業した頃を思い起してみると、それは若い神学徒にとって我慢のならない躓きの石であった。按手礼の際に「使徒信条」によってキリスト教信仰を言い表すことを求められたわたしたちは、「使徒信条」が、また、とりわけこの最後の一節が示す問題をめぐり、答えを求めて長い議論を交わしたものである。われわれには、そのような定式によって自分たちの信仰をほんとうに言い表すことができるかどうか確信はなかった。どうしてもそうしなければならない場合、大抵は、キリスト教の過去を擁護する体でそのようにした。われわれは、過去のキリスト教の、キリスト教信仰についての不適切な表現に対する道徳的また神学的疑念を押し殺してでも、キリスト教の歴史との連帯感は表明したいと願っていたのである。

その頃と今とを隔てる二〇年の歳月は、神学思想に大きな変化をもたらした。もっとも、わたし

と同世代の人々の多くが当時と同じ考えのままではないという確信があるわけではない。それでも、われわれの幾人かは、かつてわれわれが捨てたその石を取ってそれを隅の親石〔詩一一八・二二〕に据えるよう促されてきた。言い換えれば、今日のわれわれは、「使徒信条」のうち、「我は身体のよみがえりを信ず」というまさに蔑視されてきたこの一節以上に明快にキリスト教信仰の全精髄を表現しているものはない、と考えているのである。

からだの復活という考え方は、もちろん文字通りの真実であるということではない。しかし、《成就》についての他のいかなる考え方もまた文字通りの真実であるわけではない。それらはみな、われわれの現存在についての象徴を用いて、現存在を超越する生の完成についての概念を表現しているのである。霊魂の不滅という概念のほうがからだの復活という概念よりも信じやすいという偏見は、教会の伝統においてギリシア思想から受け継がれたものにすぎない。その偏見を、ヘレニズム思想が、聖書の思想すなわちヘブライ思想に導き入れた堕落の一つとまで見なそうとする人もあるかもしれない。もちろんそのような見方が、聖書それ自体のうちにないわけではない。パウロの内面では、死後の生に関するギリシア的思考とヘブライ的思考とがせめぎ合っている。「肉と血は神の国を受け継ぐことはできません」〔一コリ一五・五〇〕というパウロの言明は、そのせめぎ合いのギリシア的側面に属する。パウロ書簡やヨハネ文書へのギリシア思想の混入の度合いがどのようなものであれ、生の究極的成就に関する聖書の支配的な思想が復活の概念において表現されていることに疑問の余地はない。このことは、近年になって霊魂不滅説のほうが復活の思想よりも理性にかなっていると考えられるようになるまでは、キリスト教会の歴史全体についても言えることである。

このような偏見には簡単に反論できる。魂がからだなしに存在することは、死すべきからだが不死とされることと同様に想像しがたいからである。どちらの考えも想像を超えている。なぜなら、理性が扱うことができるのは経験による事柄だけだからである。そして、からだのない魂も不死のからだも経験の範囲を超えるものだからである。しかしわれわれは、自然の過程に巻き込まれながらも、なおそれを超越している人間存在については確かに経験している。人間存在は、自然の過程を意識すると同時に、それを分析し、判断し、修正し、(時には)それに逆らうだけの自由を有している。この人間の状況は逆説的であるゆえに、自然主義や二元論の誤りに陥ることなくそれにしっかりと向き合うことは容易ではない。

I

からだの復活という思想は、キリスト教的世界観の本質的要素についての深遠な表現である。なぜなら、それは何よりも、からだと魂との一体性を表現し暗示しているからである。時代を問わず、キリスト教は、次のような考え方と戦うことを余儀なくされてきたし、時にはそれに屈服したこともあった。すなわち、歴史の意義は、良い魂を悪しきからだからは取り除けることと、魂を段階的にからだから解放することにあるという考え方である。このような考え方は、新プラトン主義において最も一貫して表現されている。そこにあるのは、有限性と特殊性がそれ自体悪であり、永遠だけが善であるという考え方である。こうして、純粋な精神は永遠の原理として受け止められ、時間におけるまさにその個別化によって腐敗させられる。その結果、救済は、身体的生と時間的存在からの解放として理解される。最近では、そのような概念は、近代個人主義と結びつけられ、個人的な生存概念に屈服させられている。しかし、その一層古典的で首尾一貫した形態では、この二元論は個を破壊することに関わっていた。その結果、救済は、あらゆる個別化ならびに個人化からの解放と、一なる神への再統合を意味するようになった。

二元論のそのような諸形態とは反対に、以下のことを記しておかなければならない。すなわち、人間の経験の諸事実は、魂とからだとの一体性を示す。そして、人間の生における悪は肉の衝動から生じるという、皮相的な分析が示すような結論を立証することはない、ということである。

魂とからだとは一体である。人間は自然の中にある。しかしだからといって、人間は自然のものではない。この両面を強調することが肝心である。人間は必然性の動物であるとともに自由の子である。人間の生命は自然の偶然によって決定されている。しかし、その人格は、自然の必然や偶然を超越することによって発達する。人間の生の目的からすれば、重要なのは、自然の必然性は突発的で偶然的であるということである。人間は、自然の必然性を、自らの思うようにねじ曲げることができる場合もある。また、自らの運命を自然の必然性に従わせなければならないこともある。しかし、自然を支配するにせよそれに従うにせよ、人間は断じて単なる自然の一要素ではない。それを単純に証明するのは、人間の生は完全に決定されているのではなく、自己決定的な部分もあるということである。このことは極めて明白な経験上の事実であるが、しばしばさまざまな哲学によって安易に曖昧にされてきた。それらの哲学は、人間を完全に自然から引き離して高く評価するか、自然と全く同一視するか、そのどちらかである。それも、完璧な一貫した分析体系に人間を当てはめるためだけにそうするのが常である。

魂とからだとは一体である。この事実は、ギリシア人の進歩的な哲学よりも未発達なヘブライ人の心理学の中に一層完全に表現されている。ヘブライ人が、魂を血の中にあるものと考えていることは重要である。かれらは、「魂」と「命」とを峻別することさえせず、その両者の意味合いを、元来「息」という意味合いを持ついくつかの言葉で表した。魂とからだのこの一体性は、人間の自由の能力を否定するものではない。それは人間を、人間がその中にある自然の過程に引き下げるものではない。人間は自然の過程の中に存在するが、それにもかかわらず、それらを超えて存在している。そこで主張されているのは、その二つの有機的一体性ということにすぎない。人間の心は、からだが無いかのように振る舞うことはありえない。ということは、人間の心が、有限な視点の限界に制約されているだけでなく、物質的な存在の必然性に服していることでもある。

この魂のからだへの依存こそ、魂の堕落の主たる源泉が、からだの有限性にあることを示すのかもしれない。心は世界を、視野が限られている二つの眼で見渡すため、望むほどには見ることができきない。また、理性の過程は自然の必然性に関わっている。それゆえに、心は、存在をめぐる私心のない観想という理想を、その与えられているからだのために手前勝手な申し立てをする作業にすり替えがちである。しかし、人間の悪をこのように説明し去ることは、自然には罪がないことを忘れさせることである。動物は、自然によって課せられた調和の中に生きている。たとえこの調和が完全でなく、ジャングルの掟に従って種と種が対立するにしても、いかなる動物も、自分の決断によって、自らの命の条件である、限られた調和を伴う不調和を増大させるようなことはしない。

罪の根は精神にあるのであって自然にはない。その事実についての主張が、キリスト教を自然主義と多様な形態の神秘主義や二元論から区別する。自然主義は罪の現実を否定し、神秘主義や二元論は、有限性それ自体、換言すればからだが悪の基であると考える。罪が利己心ではなく肉欲であると考えられる場合でさえ、身体的生と感覚的快楽への人間の情熱は、動物の正常さとは全く異なっている。人間が罪に陥るのは、自らの生をある身体的な過程の中心に据えたり、自然が有する調和的な諸関係から、そうした過程を引き離したりすることが自由にできるからに他ならない。パウロは、ローマの信徒への手紙第一章で、罪を、第一に、「不滅の神の栄光を、滅ぶべき人間……に似せた像と取り替え」る〔ロマ一・二三〕利己主義として的確に定義している。しかしパウロは続けて、肉欲が罪の本性におけるさらなる発展であると言う。「そこで神は、彼らが心の欲望によって汚れるに任せられ、こうして、彼らは互いにその体を辱めるようになりました」〔ロマ一・二四〕。人間の悪の領域において、肉欲と利己心との関係がどのようなものであれ、また、それらが罪の二つの形態であろうとなかろうと、あるいは、一方が他方から生じたものであろうとなかろうと、肉欲も利己心も精神に由来する罪であって、肉体に由来するものではないことは明らかである。

もちろん、人間の置かれている特殊な状況、すなわち、有限で肉体的に限定されている存在でありながらも永遠を見渡すことができるという状況が、罪への誘惑であることは事実である。罪の執拗さは、おそらくこの誘惑の永続的な力に由来するものであろう。人間は、自分自身に目を向け、自分自身を思索の対象とするとき、自らが地球上の多くの被造物の一つにすぎないことに気づく。しかし、ひとたび世界に目を向けるとき、人間は、自分自身の心が世界全体の中心であることに気づかされる。人間は、行動する際、自分自身についてのこの二つの見方を混同してしまう。人間は、自分が全体の調和にふさわしい立場を引き受けるためだけに行動すべきであることを知っている。しかし、実際の行動は常に、自分自身を全体の中心に据えようとする野心に突き動かされる。こうして、人間は利己主義の罠にはまってしまう。パウロが次のように示唆しているのはきわめて適切である。すなわち、ひとたび生の中心であり源である神との関係が破綻すると、人間は、それをさらに推し進め、その全体性における自身の生ではなく、ある特定の過程における生を中心に据えることになる、ということである。それどころか、次の段階も避けられなくなる。真の自己は生の全体に有機的に関係づけられているゆえに、自己が自らを中心に据え、生の一体性を乱そうとするとき、真の自己自身の一体性もまた乱される、という段階である。こうして、罪は自然と精神の接合点に存する。

魂ないし精神は善であるが、からだはそれ自体悪であるという見方が間違っているとしたら、次のようになる。すなわち、至高の道徳的理想は、肉体を禁欲的に痛めつけることから生じるのではなく、精神とからだが互いに奉仕し合うような身体的で精神的なありかたから生じる、ということである。ブラウニングが「ラビ・ベン・エズラ」で表現した次のような反禁欲主義は適切である。

人には、次の試練を受けさせよ――
肉体が最も健全なときに、
魂がいかに孤独な道へと旅立つことができるかという試練を。

いつも言いたくはないものだ
「この肉体の生活を無視して、今日、
私は懸命に努力して、いくらかの進境を認めた」などと。
鳥が飛び歌うごとくに、
大声で言おうではないか「すべて良きものは
われらのもの、老いたいま、魂は肉体を助け、肉体は魂を助ける！」と。(1)

現在の生の成就の可能性がわれわれの経験を超越しているのは、魂は不滅であるが、からだは死すべきものである、という理由によってではない。それは、この人間の生が、魂もからだもともに、絶え間ない変化の中にあるとともにその上にもあるからである。そして、この独特な立場において罪に巻き込まれ、自らの力によってそこから抜け出すことはできないからである。現在の存在の可能性を超えたところにある生の成就は、人間の状況のゆえに理にかなった希望である。なぜなら、自らが置かれている絶え間ない変化を知る生は、完全にその変化の一部にはなりえないからである。他方、この希望は、人間自身の力によって自らを成就する類の希望ではない。神こそが、人間の存在に不完全のまま残っているものを完全にされるのである。このことが真実であるのは次の二つの理由による。まず、人間の生には、死すべきものと不滅なものとの単純な区別はないゆえに、後者が前者を脱ぎ捨てることはできないからである。そして、人間の生の不完全性が、有限性の問題のみならず罪の問題でもあるからである。

Ⅱ

からだの復活の希望が霊魂不滅の考えより優れているのは、それが、人間存在をめぐって、より

（1）　ロバート・ブラウニング『ラビ・ベン・エズラ』Ⅷおよび Ⅻより。富士川義之編『対訳　ブラウニング詩集』（イギリス詩人選6、岩波文庫、二〇〇五年）、二四四、二四五、二四六―二四九頁。

個人的な見方と、より社会的な見方とを同時に表現しているからである。人間の生は、自然に対してだけでなく、人間の歴史に対しても逆説的な関係にある。個人はそれぞれ、人間の歴史の社会的な諸力の産物であり、自分自身をそのような諸力に結びつけることによってその存在意義を達成する。人格的な不滅性の理想の多くは非常に個人主義的である。それらは、生の意味を次のように解釈する。すなわち、個人は、自らが属する社会的過程を考慮することなく究極的な成就について考えることができる、というのである。この社会的過程は、純粋に否定的な言葉で解釈される。社会は、不滅の魂が脱ぎ捨てる死すべき世界全体の一部にすぎないというわけである。そのような解釈とは対照的に、聖書の復活思想が社会的希望から生じているということは重要である。メシア的王国は、社会的過程の成就として、当然のことながら、何よりもイスラエルの生の成就として受け止められていた。個人の復活という考えはまず、この希望との関連において立ち現れた。義人は、この究極的勝利に参与すべく復活させられる。それゆえ、社会的成就の思想こそが基礎をなしていた。個々人の生だけでなく、人類の発展全体が、有限な存在の可能性を超越する目標を指し示すという奇妙な逆説の下にあるものとして理解されていた。言い換えれば、社会の歴史は、イスラエルの預言者たちにとって意味のある過程であった。プロテスタント・キリスト教は、あまりに個人主義的であるため、社会的過程の意味についてのこの宗教的見解を理解できないきらいがある。その結果、歴史の意味は進歩にあるというリベラルな概念と、歴史の成就を告げるマルクス主義的な革命の概念は、プロテスタント・キリスト教の個人主義への正当な抗議である。これらの概念はいずれも、復活の概念を十分に真剣に受け止めないという誤りを犯している。どちらも、歴史は、自然の諸条件と偶然性に巻き込まれていても、それらを心や意志の何らかの最終的な活動によって克服し、人間の歴史における無条件の善を確立することができると考える。言い換えれば、それらの考えるユートピアは、復活を差し引いた神の国、すなわち、神による人間存在の変革を差し引いた神の国なのである。しかし、こうした社会的概念にどのような欠点があろうとも、それらは、ある重要な要素を預言者的宗教に取り戻す。いかなる宗教であれ、個人の成就の観点からのみ考える宗教はまた、ひたすら個人の生の意味の観点からも考える。しかし、人間のからだは、人間が歴史の諸過程に有機的に関わっていることの象徴である。それぞれの生は、社会的過程を超越する意義を持つとはいえ、その過程と無関係に発展しうるものではない。

クロムウェルの革命では、レヴェラーズ、ディガーズ、再洗礼派といった多くのセクトが生まれた。かれらは、歴史の意味を評価しない教会の個人主義に対して、神の国についてのこの古い預言者的な希望を主張した。こうしたセクトに属する人々は、かれらが関わった革命には宗教的意義があり、兄弟愛や正義といった希望が成就される社会を目指していると感じていた。このセクト運動の優れた思想家の一人であるオウヴァトン(2)という人物が、霊魂不滅の思想を論駁し、復活の概念を確立することに時と労力を費やしたのは重要なことである。かれが復活思想を自らの社会的希望

(2) Richard Overton (1640-1664). ピューリタン革命期のレヴェラーズの指導者。

に自覚的に結びつけていたかどうかは、その著作からは明らかでない。しかし、かれがこのことに関心をもっていたことは重要である。復活思想は、あまりにも個人主義的な考え方を持つ宗教への叱責であり修正である。この個人主義は常に、特権的で裕福な階層の人々の贅沢品である。そうした階層の人々は、社会的希望へと駆り立てられるような社会的不満を実感することもなければ、生の意味を社会的な観点から理解するような、他の人々との有機的関係の中にもない。

近代人は、自らの社会的希望を、復活の思想以外のもので表現することはもちろん事実である。進歩を信じるリベラリストや、革命後の階級のない社会を信じる急進主義者などがそれである。しかし、この世俗化に先はない。それらは、古びた宗教的神話を、いっそう優れた科学的思想に入れ替えるものではないのは当然のことである。それはむしろ、人間存在の逆説に対して近代人がいかに無理解であるかの証左である。近代人は、社会的にも個人的にも、無制約的完全をめぐる希望を理解することがない。この希望は、人間の良心を促し、あらゆる相対的で歴史的な善に関わっている。近代人は、この希望を歴史の中には見るものの、それが歴史を超えたところを指し示していることには気づかないのである。

III

奇妙なことに——とはいえ事柄を深く考える人には奇妙ではないのだが——、からだは、社会性だけでなく個人性のしるしでもある。純粋な自然が個人を生み出すことがないことは言うまでもない。自然が作り出すのは、類であり種であり属である。人間生活の個人性は自由の産物であり、自由は精神の果実である。しかし、純粋な精神は純粋な知性であり、純粋な知性は普遍的である。純粋な知性は、数学や論理などの普遍妥当的概念に現れる。これらの概念が普遍的なのは、それが内容を欠いた形式だからである。これが、地上的で社会的な宗教よりも個人主義に始まる傾向がはるかに強い、いわゆる「霊的」な宗教が、何らかの神との永遠の一体性の中で魂を見失うことになる理由である。あらゆる首尾一貫した神秘主義（首尾一貫していない大多数のキリスト教神秘主義を除いて）は、個人性や自我について、それ自体を悪と見なす。もし、キリスト教神秘主義がこの点で首尾一貫していないとしたら、それは、次のような事実による。すなわち、キリスト教は、より二元論的な思想の影響をどれほど多く受けようとも、《創造の善》と《からだの復活》という聖書の思想から完全に逃れることは決してできない、という事実である。

実のところ、個人性と個人主義化は人間の歴史の産物である。そして、人間の歴史は、自然の必然性と精神の自由の双方がともに要求される織機によって織りなされる生地である。あるいは、必然性を織機、自由をその上を走る杼と説明するほうが正確かもしれない。歴史の重要性が軽視されるときはいつでも、個人性の軽視をもまた究極的に招くことになる。

したがって、からだが復活するのを信じることは、いわば、永遠が時間と歴史を無きものとすることではなく、歴史が永遠において成就することを意味している。しかし、からだが復活するに違いないと主張することは、時間と歴史を超越する永遠によって支えられている限りにおいて、時間と歴史に意味があることを理解することである。それどころか、そのような永遠がなければ時間と歴史は存在さえしえないのである。というのは、歴史を支える永遠的な目的がなければ、歴史は意味のない時間の連なりになってしまうからである。

生の成就という思想が特に理解困難なのは、時間と永遠とが弁証的な関係にあるからでもあり、また、個人と社会とが弁証法的関係にあるからでもある。古いギリシア的な観念論は、この難しさを、時間と歴史の重要性を否定することによって解決した。そして、近代自然主義は、時間と歴史を自己充足的なものとしようとすることによってその難しさを解決しようとする。自然主義者は、個人主義者と共産主義者とに分かれる。個人主義者は、個人と社会との弁証法的で有機的な関係を破壊し、社会や歴史に関心を示さないバラバラの個人を生み出す。他方、共産主義者は、理想的な社会の観点から満足のいく成就を個人に提供することができると考えている。かれらが理解しないのは、個人の生は常に、社会的過程の中で成就されるだけでなく、それを超えてもいるということである。このことは、ほとんどの理想社会にあてはまるであろう。個人の生には、最も正しい社会の評価をもすり抜けるであろう意義の側面がある。そして、いかなる社会が実現する力にも勝る成就の希望がある。

復活の思想はまさにこの葛藤の中で生まれた。イスラエルにおける偉大な預言者運動は、イスラエルの希望の成就を約束した。しかし、そうした希望が実現する前に滅びた個人はどうなるのだろうか。この問いは、偉大な黙示文書の一つである「第四エズラ記[3]」の中で鋭い形で表現されている。「主よ、世の終わりに居合わせる人々にとって、あなたは支配者となられます。しかし、私より前の人々や、私たち、また私たちの後の人々はどうすればよいのですか。あなたは、前の世代の人々、今の人々、後の世代の人々を一度にお造りになることはできなかったのですか」〔エズ・ラ五・四一―四三〕。同じ書でこうも言われている。「私たちに不死の時が約束されたとして、何の益になるのでしょうか。私たちは最悪のしかたで空しい者となった、ということなのでしょうか」〔同七・一一九―一二〇〕。

ここに見られるのは、きわめてまっとうな個人主義である。このことを理解しない社会的で政治的な宗教は、からだの復活がこうした問いに答える以前のヘブライの預言の段階に止まっている。それは、人間の文化が、人間の自由の深さを究めるほどに深遠であるときにはいつでも現れるような個人主義である。そのようなとき明白になるのは、それぞれの個人は、社会を自らの審判者もしくは救済者とは見なしえないほどに社会を超越しているということである。この個人は、社会にではなく神に向き合う。そして、神の名において社会を否定することもある。

もし、適切な預言者宗教が、個人と社会との真の関係について、個人は社会の成就に参与するために復活するという成就の希望を通して表現するならば、そのような考え方は、理屈の上では、復

---

(3) 聖書協会共同訳続編では「エズラ記(ラテン語)」。

活の思想それ自体と同じくらい理解しにくい。個人は、歴史の流れに絶えず巻き込まれている社会を無視するように見える。それは、社会が、自然における死の不可避性を否定するように見えるのとちょうど同じである。しかしそのことは、次のことを意味するにすぎない。すなわち、そのような宗教は、歴史は《流れ》以上のものであり、自然は単なる《死の必然性》ではないことを表現しているということである。この点でもまた、宗教は、その信仰になくてはならない象徴としての神話に関わっているのである。

重要なのは、復活の神話から、未来についての情報を、われわれがあまりに詳細に搾り出して手に入れようとしないことである。「私たちがどのようになるかは、まだ現されていません」〔一ヨハ三・二〕。成就の詳細を説明し、天の都の計画や仕様を提供しようとするあらゆる努力は愚行に終わる。実際に、そのような努力は、近代人が、個人の成就であれ、人間の営み全体を成就する神の国であれ、そのすべての考え方を拒否することを促してきたのである。しかし、こうした神話的不条理を拒む近代人が、それによって、かえって奇妙な合理的不条理へと惹かれるようになったのは示唆的である。その不条理で特に目につくのは次のことである。すなわち、近代人は、歴史の流れの相対性を享受しながらも、実際には、歴史が自らの過程によって最終的に、歴史ではない何らかの無制約的善の領域に到達するという隠れた希望を抱いている、ということである。復活思想に隠れている基本的な考え方を拒否する者はいずれも陰に陽に、道徳的な虚無主義者かユートピア主義者である。道徳的な虚無主義者はめったにいないため、ほとんどの近代人はユートピア主義者ということになる。かれらは、宗教からの解放においては高度に洗練されていると自任しながら、人間の自然史の可能性については、最も不条理な希望に心を奪われているのである。

明白にではあれ隠微にではあれ、またどのような形であれ、生の成就への希望を提供しない宗教――さらに言えば生の哲学――はない、ということには大きな意味がある。差し迫った現在の過酷さから解放され、自らの置かれている自然の過程を超越しようとすることが人間の本性である限り、人間は、その目を未来に向けずに存在することはできない。未来は人間の自由の象徴である。

未来についてのキリスト教的見方は、人間の心の中で、未来を視界に入れる他ならぬ自由が現在を堕落させる機会となってきた、という事実を認識するとき、ややこしくなる。単に現在のそのありかたを発展させるだけで人間を救うことはできない。というのは、発展とは、人間が立たされているあらゆる矛盾をこじらせてしまうものだからである。また、発展の法則や時間の経過から解放されて、時間を超えて静止している永遠に門口から入ることで人間が救われるわけでもない。それは人間を無にしうるだけである。したがって、人間の希望は、人間の有限性ではなく罪を克服する赦しと、人間の本質的な本性を破壊することなくその生を完成する神の全能にかかっている。それゆえ、「我は、罪の赦し、身体のよみがえり、永遠の命を信ず」という「使徒信条」における希望の最終的な表現は、究極的な成就に対する希望についての、近代の他のどのような表現よりもはるかに洗練されている。それは、近代精神が測りきれなかった人間の状況全体を認識するところから生まれる。この希望が表現されている象徴が理解しにくいことは確かである。近代精神は、そのような理解困難さのゆえに、自身がその希望を拒否してきたのだと勘違いしている。しかし、その拒否の真の原因は、近代精神が、人間存在の諸問題を、その複雑性のままに理解することに失敗してきたことにある。

訳者あとがき

本書は、Reinhold Niebuhr, *Beyond Tragedy: Essays on The Christian Interpretation of History* (New York: Charles Scribner's Sons) の全訳である。初版は一九三七年に出されているが、翻訳には、追記がある一九六五年のペーパーバック版を用いた。

著者ラインホールド・ニーバーは、人間と歴史の問題に独特なかたちで取り組んだ、二〇世紀アメリカを代表する神学者であり、社会倫理学者である。また、社会問題、とりわけ政治の領域で積極的に発言し、キリスト教現実主義を唱えて、冷戦時代アメリカの外交政策立案に関わるなどした現実主義的政治思想家・活動家であり、さらに、その他の社会問題にも鋭い目を向けた文明評論家でもあった。日本でもよく知られている「冷静を求める祈り」(Serenity Prayer)[1]を書いたのもニー

(1)「神よ、変えることのできるものについて、それを変えるだけの勇気をわれらに与えたまえ。変えることのできないものについては、それを受け入れるだけの冷静さを与えたまえ。そして、変えることのできるものと、変えることのできないものとを識別する知恵を与えたまえ」(大木英夫訳)。この祈りは、宇宙飛行士の山崎直子が、自らを支えた祈りとして取り上げている(朝日新聞「天声人語」二〇一〇年四月七日)。ま

バーである。[2] また、『キリストと文化』等の著作で知られる神学者H・リチャード・ニーバーはその弟である。

ラインホールド・ニーバーは、一八九二年、ミズーリ州セントルイス郊外に、ドイツ移民の教会の牧師グスタフ・ニーバーの第三子として生まれ、エルマースト・カレッジおよびイーデン神学校を経て、イェール大学神学大学院およびイェール大学大学院に学んだ。その後、一三年にわたってミシガン州デトロイトのベゼル福音教会の牧師を務め、一九二八年から一九六〇年に引退するまで、ニューヨークのユニオン神学大学院で教鞭をとった。その活動は一九六〇年代の終わりまで続き、晩年は病と戦いながら執筆を続け、公民権運動を支持し、ベトナム戦争反対に筆を揮っている。一九七一年、七八歳でその生涯を閉じた。二〇あまりの大学から名誉学位が贈られ、一九六四年には、T・S・エリオット、ヘレン・ケラーと共に大統領自由勲章を受領した。[3] 今年二〇二二年は、ニーバー生誕一三〇周年になる。

本書以外の主な著作として、代表作である『人間の本性と運命』(第一巻一九四一年、第二巻一九四三年)[4][5] の他、『道徳的人間と非道徳的社会』(一九三二年)[6]、『キリスト教倫理の解釈』(一九三五年)[7]、『光の子と闇の子』(一九四四年)[8]、『信仰と歴史』(一九四九年)[9]、『アメリカ史のアイロニー』(一九た、宇多田ヒカルの楽曲「Wait & See 〜リスク〜」(二〇〇〇年)の歌詞にも反映されている。

(2) この祈りをめぐる経緯については、髙橋義文「ニーバーの『冷静を求める祈り』」(チャールズ・C・ブラウン『ニーバーとその時代』髙橋義文訳、聖学院大学出版会、二〇〇四年所収)、エリザベス・シフトン『平静の祈り』(穐田信子訳、安酸敏眞解説、新教出版社、二〇二〇年)参照。

(3) 以上のニーバーの生涯と著作についての概説は、『人間の運命』『人間の本性』(髙橋義文・柳田洋夫訳、聖学院大学出版会、二〇一七年、二〇一九年)の「訳者あとがき」に基づく。また、『ニーバーとその時代』所収の「ラインホールド・ニーバー年譜」(四〇六—四〇九頁)も有用である。

(4) *The Nature and Destiny of Man: A Christian Interpretation*, Vol.1, *Human Nature* (New York: Charles Scribner's Sons, 1941).『人間の本性』(髙橋義文・柳田洋夫訳、聖学院大学出版会、二〇一九年)。

(5) *The Nature and Destiny of Man: A Christian Interpretation*, Vol.2, *Human Destiny* (New York: Charles Scribner's Sons, 1943).『人間の運命』(髙橋義文・柳田洋夫訳、聖学院大学出版会、二〇一七年)。

(6) *Moral Man and Immoral Society: A Study in Ethics and Politics* (New York: Charles Scribner's Sons, 1932).『道徳的人間と非道徳的社会』(大木英夫訳、白水社、一九七四年)。

(7) *An Interpretation of Christian Ethics* (New York: Harper & Brothers, 1935).『基督教倫理』(上與二郎訳、新教出版社、一九四九年)。

(8) *The Children of Light and the Children of Darkness: A Vindication of Democracy and a Critique of Its Traditional Defense* (New York: Charles Scribner's Sons, 1944).『新版 光の子と闇の子』(武田清子訳、佐藤優解説、晶文社、二〇一七年)。

(9) *Faith and History: A Comparison of Christian and Modern Views of History* (New York: Charles Scribner's Sons, 1949).『信仰と歴史』(飯野紀元訳、新教出版社、一九五〇年)。

五二年[10])、『自己と歴史のドラマ』(一九五五年[11])、『帝国と国家の構造』(一九五九年[12])などがある。それらの著作は現在に至るまで読み継がれてきた。二一世紀を迎えてからも、アメリカが、テロとの戦いであると標榜したアフガニスタンからイラクにおける戦争の泥沼に足を取られる危機的状況の中で改めて注目を集め、「ニーバー・リバイバル」と呼ばれる様相を呈した[13]。アメリカの元大統領バラク・オバマが、自らの思想に大きな影響を与えた人物の一人としてニーバーを挙げている[14]ことはよく知られている。

本書は、ニーバーが社会福音運動の神学やマルクス主義との対話もしくは対決を経て、成熟した神学的立場を確立し始めた頃のものであり、諸大学でなされた説教を元として、永遠と歴史のディアレクティークをきわめて魅力的に論じているエッセイである。序文に述べられているように、それは「時間と永遠、神と世界、自然と恩寵の関係をめぐるキリスト教の弁証法的な概念」を、また、「キリスト教的歴史観は、悲劇の感覚を経て、『悲劇を越える』希望と確信とに至る[15]」ことを主題とするものである。当時より高い評価を受け、これがもとになってギフォード講演に招かれ、神学者としての地歩を築くことになった。実際にこの著作は「出版当初多くの人々に感動を与えたのみならず、その主題の力と表現の明快さのゆえにその後も感動を与え続けた[16]」ものである。この著作について神学者の近藤勝彦氏は、「教会での説教のスケールを超えた分量のもの」であるが、「聖

(10) *The Irony of American History* (New York: Charles Scribner's Sons, 1952).『アメリカ史のアイロニー』(大木英夫・深井智朗訳、聖学院大学出版会、二〇〇二年)。

(11) *The Self and Dramas of History* (New York: Charles Scribner's Sons, 1955).『自我と歴史の対話』(オーテス・ケーリ訳、未來社、一九六四年)。

(12) *The Structure of Nations and Empires: A Study of Recurring Patterns and Problems of the Political Order in Relation to the Unique Problems of the Nuclear Age* (New York: Charles Scribner's Sons, 1959). 邦訳はなし。なお、ニーバーの著作の翻訳の詳細については、髙橋義文「ニーバーの著作の翻訳について」(髙橋義文『ニーバーとリベラリズム』聖学院大学出版会、二〇一四年所収) 参照。

(13)『ニーバーとリベラリズム』、三五六頁。

(14) ジェイムズ・クロッペンバーグ『オバマを読む』(古矢旬・中野勝郎訳、岩波書店、二〇一二年)、一五五頁参照。また、「近年、ニーバーは、人間の罪深さは根本的であり根絶できないという考え方をアメリカで説いた人物として紹介されている。しかし、ニーバーが恩寵について書いていることには、ほとんど注意が払われていない」(同頁) という指摘はきわめて重要である。なお、本書は、『正義論』のジョン・ロールズにニーバーが与えた影響についても言及している。

(15) スコットランドの弁護士・裁判官であったアダム・ロード・ギフォードの寄贈基金によって一八八七年に設立された。当初は「自然神学」に関する公開討論会であったが、年を経て範囲が広がり、ウィリアム・ジェームズの講演が『宗教的経験の諸相』として一九〇二年に出版されてからよく知られるようになった。第二次世界大戦後はエミール・ブルンナー、パウル・ティリッヒ、ルドルフ・ブルトマン、また二〇〇〇年以降はアリスター・E・マクグラス、スタンリー・ハワーワスなどが講演者に名を連ねている (『ニーバーとその時代』、一一七―一一八頁参照)。

(16)『ニーバーとその時代』、一一二頁。

書の証言に基づき、ニーバーの深い知の考察が示されて」いると評価している。[17]

なお、説教をエッセイとしてまとめ直したものをニーバーは「説教的エッセイ」と称したが、本書の他にもう一冊、『時の徴を見分けて』(*Discerning the Signs of the Times: Sermons for Today and Tomorrow.* New York: Charles Scribner's Sons, 1946) がある。

『悲劇を越えて』の元となる説教がなされた一九三〇年代という時代について概観するならば、一九二九年の大恐慌に始まる経済的停滞は多くの失業者を生んだ。そして、アメリカの政治は急激に左傾化し、さまざまの急進政党や左翼勢力が勢力を伸ばし、「赤い一〇年」とも呼ばれた。一方、この時代は、F・D・ローズヴェルトによる経済の立て直しや国際的危機感によって、アメリカ市民がアメリカを全体として意識し始めた時代でもあったと言われる。

このような時代のただ中に生きたニーバーは、一九二九年、社会党に入党し、一九三一年、「友和会」(The Fellowship of Reconciliation) の議長になる。一九三四年には、「社会主義キリスト者協会」(The Fellowship of Socialist Christians) を発足させ、同協会によって試みられたミシシッピ州のデルタ協同農場およびプロヴィデンス協同農場の理事長としても力を注いだ。また、一九三〇年にはソヴィエト・ロシアを、一九三三年にはナチス・ドイツを視察している。[18] そして、一九三九年には、主著『人間の運命と本性』として結実することになるギフォード講演をエディンバラ大学で行っている。

国際情勢に関しては、台頭するファシズムと共産主義に対する批判が随所でなされている。関連して、ナチズムに抗したドイツ告白教会についても触れられている。また、イタリアのエチオピア侵攻、スペイン市民戦争、そして、「究極的な破滅の確実性」を伴う日本の満州支配についても言及されている。[19]ちなみに、本書が出版された一九三七年は、日中戦争の発端となる盧溝橋事件が起きた年でもある。

一方で、帝国を築いたイギリスの支配階級もまた破滅を内包していると批判されている。そして、アメリカには、キリスト教と「アメリカン・ドリーム」なる宗教とを一体で同一のものと勘違いしている多くの「預言者たち」が存在するという。また、民主主義における「人民という王」の高慢

(17) 近藤勝彦『二〇世紀の主要な神学者たち』(教文館、二〇一一年)、五三頁。氏はまた、「これは翻訳があってもよい」ものだと言われている。

(18) 以上の時代背景とニーバーの活動についての記述は『ニーバーとリベラリズム』、九〇—九一頁による。

(19) ニーバーは、この時期の日本に対してアメリカのとるべき態度をめぐって、「クリスチャン・センチュリー」誌で、弟のH・リチャード・ニーバーと論争している(一九三二年)。この論争は、人間の《本性》と《歴史》というテーマに初めて取り組んだ兄ラインホールドの姿を浮き彫りにするものであり、『悲劇を越えて』は、それらについての早くも成熟した見解の現れを示している、という見方もある。Scott R. Erwin, *The Theological Vision of Reinhold Niebuhr's The Irony of American History* (Oxford University Press, 2013), p.25. また、この著作についてリチャードは、「あなたがこれまで書いたもののうちで、最良にして最も深遠な本です。私は、一世代もしくは二世代のあいだにアメリカに現れた神学の中で最良の神学だと思います」とラインホールドに書き送っている(『ニーバーとその時代』、一一二頁)。

をはじめとする危険について警告されている。

このように、本書を構成するエッセイの多くは、固有の時局や時流を念頭に置いたものである。しかし、序文の追記で示唆されているように、本質的なところでは色褪せた過去のものになっておらず、その「歴史についてのキリスト教的解釈」（副題）は、時代を超えた普遍性を有するものとなっている。現在のコロナ禍（「予測不可能な見えない病原菌の攻撃」の危険性についてもニーバーは言及している）やロシアのウクライナ侵攻、また、種々の多様性をめぐる議論[20]などについて、ニーバーならばどのように考えたであろうかと想像をたくましくしてみたいところでもある。

本書において印象づけられるのは、聖書の証言に堅く立つ信仰者また伝道者としてのニーバーの姿である。その聖書の読みの深さ、鋭さについて一例を挙げるならば、ある戦いをめぐっての、イスラエル王、ユダ王、預言者ミカヤをはじめとする登場人物たちのさまざまな思惑が交錯する心理戦についての迫真の描写には圧倒される。しかし同時に、そのようなことも含めて、聖書を読む愉しみにまで読む者は図らずも導かれるのである。

いずれにせよ、とかく政治学者や文明批評家としての側面が強調され、神学者としてのニーバーについては、とりわけその重要な部分が軽視もしくは誤解されてきたきらいがある。たとえば、かれは人間の罪のみを強調した悲観主義者である、キリスト論や教会論が希薄である、という趣旨の批判はたびたびなされてきた。

しかしニーバーは、「キリスト教は悲劇を越える宗教である。涙は死とともに勝利に呑み込まれる。十字架は悲劇ではなく悲劇の解決である。ここで苦しみは、まさに神のいのちへと移されて克服される」と力強く宣言している。そして、「キリスト教信仰は、飼い葉桶の中に生まれ、十字架で死んだひとりの方に集中する。これこそがまことに、あらゆる価値の転換のキリスト教的源泉である」と述べている。このように、ニーバーにおいて、キリストと十字架の業は、まぎれもなくその神学の中心にあり、そこにおいて単なる悲観主義は乗り越えられる。また、そうであるとき、キリスト者にとって「人生は生きるに値するものであり、この世界は単なる『嘆きの谷』ではない」のである。[21]

---

(20) このことに関連してニーバーは、男女の性機能や性差の理念的固定化を批判して、「人間の生の性格はまさに、あらゆる動物的機能が自由の影響を受けて、一層複雑な関係性へと解放されるというところにある」として、「性に関わる自由は、……性的衝動と他のさらに複雑で洗練された精神的衝動との創造的な関係をも提供するかもしれない」と述べている（『人間の本性』三一五頁）。

(21) このように、『悲劇を越えて』は、ニーバーのあらゆる著作の中で、キリスト教的確信についての最も明確な証しを含むものとなっていることは、多くの論者が認めるところである。Erwin, *The Theological Vision of Reinhold Niebuhr's The Irony of American History*, pp.49-50.
なお、P・レーマンによれば、『悲劇を越えて』は、ニーバーにおける転換点である。そこで初めて「生の聖書的観点」が確認され、それ以降のニーバーの分析はますますキリスト論的になり、その中で最終的に「ニーバーの神学全体のキリスト論的焦点」が明らかにされているという。髙橋義文『ラインホールド・ニーバーの歴史神学』（聖学院大学出版会、一九九三年）、二三八頁。

また、教会については、「教会は神の国ではない」と注意を促しつつ、それは「憐れみや和解や慰めの言葉が聞かれる場所」であり、そこにおいて、「人間の不完全性は、破棄はされないが克服される」と言われている。もしくはそこで、「人間は罪人であり続けるとしても、その罪は神の憐れみによって克服される」。このようにニーバーは、しばしば教会を厳しく批判もするが、実際には、教会に積極的な可能性を見出している。また、「人間の悔い改めは教会の人間的基礎である。しかし、それを完成させるのは神の恵みである」と言われるように、教会は、恩寵による究極的完成を仰ぎ見つつ、「悔い改め」において神の言葉を聞く場でもある。

それぞれのエッセイは、どこから読んでもよい。タイトルを見て気になったものからとりかかってみるのもよいだろう。また本書は、とりわけ『人間の本性と運命』の、そして、ニーバーの思想全体についての手引きとなる格好のニーバー入門書でもある。そのような意味においても、多くの人々に手に取ってもらいたいと願うものである。

最後に、この訳書の出版を引き受けていただき、また特段の配慮を賜った、教文館の渡部満社長、出版部の髙木誠一氏に心からの感謝を申し上げたい。

二〇二二年七月

髙橋義文・柳田洋夫

追記　髙橋義文先生は、二〇二一年八月二九日天に召されました。ラインホールド・ニーバー研究の第一人者としてのご貢献を覚え、また、伝道者・教育者としてのお働き、そして、そのお人柄を偲びつつ、謹んで哀悼の意を表します。（柳田）

《訳者紹介》

髙橋義文（たかはし・よしぶみ）

1943年生まれ。ローマリンダ大学文理学部卒業。アンドリューズ大学大学院修士課程修了。東京神学大学大学院修士課程および博士課程修了。神学博士（東京神学大学）。三育学院短期大学教授・学長、エモリー大学神学大学院客員研究員、聖学院大学大学院教授・同大学院アメリカ・ヨーロッパ文化学研究科長・同大学総合研究所長を経て、聖学院大学総合研究所名誉教授。2021年逝去。

著書　『キリスト教を理解する』、『ラインホールド・ニーバーの歴史神学』、『ニーバーとリベラリズム』、『パウル・ティリッヒ研究』（共著）。

訳書　C. C. ブラウン『ニーバーとその時代』、J. ウィッテ『自由と家族の法的基礎』（共監・共訳）、A. E. マクグラス『アリスター・E・マクグラス宗教教育を語る』、W. パネンベルク『キリスト教社会倫理』、『現代に生きる教会の使命』（分担訳）、ラインホールド・ニーバー『ソーシャルワークを支える宗教の視点』（共訳）、ラインホールド・ニーバー『人間の運命』、『人間の本性』（共訳）ほか。

柳田洋夫（やなぎだ・ひろお）

1967年生まれ。東京大学文学部倫理学科卒業。東京大学大学院人文科学研究科（倫理学）修士課程修了。同博士課程中退。東京神学大学大学院修士課程修了。聖学院大学大学院アメリカ・ヨーロッパ文化学研究科博士後期課程修了。博士（学術）。現在、聖学院大学人文学部教授、青山学院大学・聖心女子大学非常勤講師。

著書　『「心の教育」実践体系6　芸術・宗教に学ぶ心の教育』（分担執筆）。

訳書　C. E. ガントン『説教によるキリスト教教理』、A. E. マクグラス『歴史のイエスと信仰のキリスト』、S. ハワーワス／J. バニエ『暴力の世界で柔和に生きる』（共訳）、ラインホールド・ニーバー『人間の運命』、『人間の本性』（共訳）ほか。

悲劇を越えて――歴史についてのキリスト教的解釈をめぐるエッセイ

2022 年 10 月 10 日　初版発行

訳　者　髙橋義文・柳田洋夫

発行者　渡部　満

発行所　株式会社　教文館

〒104-0061 東京都中央区銀座4-5-1　電話 03(3561)5549　FAX 03(5250)5107

URL　http://www.kyobunkwan.co.jp/publishing/

印刷所　モリモト印刷株式会社

配給元　日キ販　〒162-0814　東京都新宿区新小川町9-1

電話 03(3260)5670　FAX 03(3260)5637

ISBN978-4-7642-6757-2　Printed in Japan